体育运动

陈式太极 太极剑
CHENSHI TAIJI TAIJIJIAN

主编 孙贵喜 杨雨龙
亓永顺 王明强

走进**大自然**
走到**阳光**下
养成**体育锻炼**好习惯

吉林出版集团股份有限公司 全国百佳图书出版单位

图书在版编目(CIP)数据

陈式太极 太极剑 / 孙贵喜,杨雨龙主编.—长春：
吉林出版集团股份有限公司,2011.5（2024.1 重印）
ISBN 978-7-5463-5255-8

Ⅰ.①陈… Ⅱ.①孙…②杨… Ⅲ.①陈式太极拳—青年读物②陈式太极拳—少年读物③剑术(武术)—中国—青年读物④剑术(武术)—中国—少年读物 Ⅳ.
①G852.11-49②G852.24-49

中国版本图书馆 CIP 数据核字(2011)第 081748 号

陈式太极 太极剑

主编	孙贵喜　杨雨龙　亓永顺　王明强
责任编辑	息望　沈航
出版发行	吉林出版集团股份有限公司
印刷	三河市同力彩印有限公司
版次	2011 年 7 月第 1 版　2024 年 1 月第 8 次印刷
开本	787mm×1092mm　1/16　印张 10　字数 100 千
地址	吉林省长春市福祉大路 5788 号　邮编 130000
电话	0431-81629968
电子邮箱	11915286@qq.com
书号	ISBN 978-7-5463-5255-8
定价	45.80 元

版权所有　翻印必究
如有印装质量问题，请寄本社退换

《体育运动》编委会

主　　任　宛祝平

编　　委　支二林　方志军　王宇峰　王晓磊　冯晓杰
　　　　　田云平　兴树森　刘云发　刘延军　孙建华
　　　　　曲跃年　吴海宽　张　强　张少伟　张铁民
　　　　　李　刚　李伟亮　李志坚　杨雨龙　杨柏林
　　　　　苏晓明　邹　宁　陈　刚　岳　言　郑风家
　　　　　宫本庄　赵权忠　赵利明　赵锦锦　潘永兴

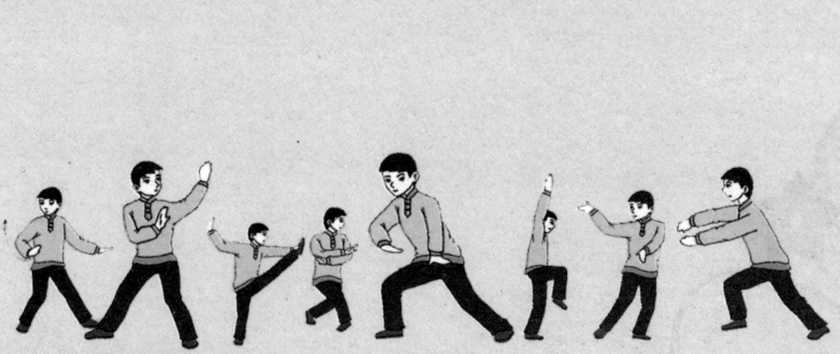

目录 CONTENTS

陈式太极

第一章 运动保护
  第一节 生理卫生..................2
  第二节 运动前准备..................3
  第三节 运动后放松..................8
  第四节 恢复养护..................10

第二章 陈式太极概述
  第一节 起源与发展..................12
  第二节 特点与价值..................13

第三章 陈式太极场地和装备
  第一节 场地..................18
  第二节 装备..................18

第四章 陈式太极基本技术
  第一节 基本手形..................22
  第二节 基本手法..................23
  第三节 基本步形..................28

第五章 陈式太极基础套路
  第一节 第一段..................32
  第二节 第二段..................50
  第三节 第三段..................57

目录 CONTENTS

第六章 陈式太极比赛规则
第一节 程序.....................68
第二节 裁判.....................68

太极剑

第七章 太极剑概述
第一节 起源与发展..................74
第二节 特点与价值..................75

第八章 太极剑场地、器材和装备
第一节 场地......................80
第二节 器材......................81
第三节 装备......................82

第九章 太极剑基本技术
第一节 握法与手法..................86
第二节 步形与步法..................87

第十章 三十二式太极剑套路
第一节 预备势与起势（三环套月）.....92
第二节 第一段....................97
第三节 第二段...................108
第四节 第三段...................123

目录 CONTENTS

　　第五节　第四段.........................137
　　第六节　收势.........................147
第十一章　太极剑比赛规则
　　第一节　程序.........................150
　　第二节　裁判.........................150

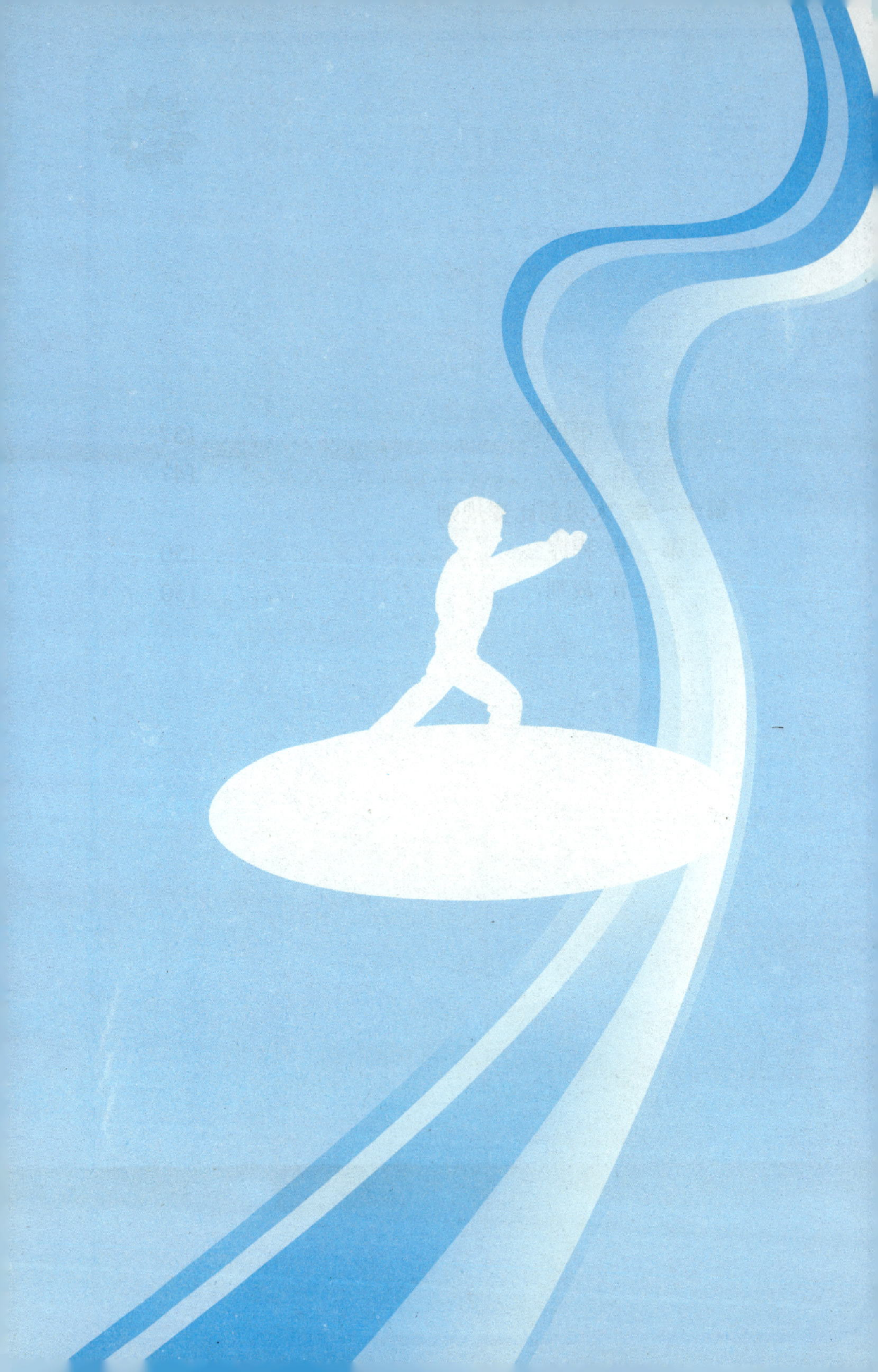

陈式太极

第一章 运动保护

"生命在于运动",但是盲目、不科学的运动非但不能起到强身健体的作用,反而会给身体带来一定的伤害。只有掌握体育锻炼的一般性生理卫生知识,科学地进行体育锻炼,才能起到健身强体的作用。

第一节 生理卫生

青少年在进行体育运动时，除了应进行一般性的身体检查和必要的咨询外，还要注意培养运动兴趣和把握适当的运动强度。

一、培养运动兴趣

在进行体育运动前，必须培养自己对体育运动的兴趣。培养兴趣的方法有很多，如观看体育比赛，与同学、朋友进行体育比赛等。有了浓厚的兴趣，就能自觉地投入体育运动之中，从而达到理想的体育锻炼效果。

二、把握运动强度

因为青少年进行体育运动，主要是在享受体育运动的过程中增强体质，提高健康水平，而不仅是为了创造运动成绩，所以运动强度不宜过大。控制运动强度最简单的办法是测定运动时的脉搏。对青少年来说，运动时的脉搏控制在每分钟140次左右较为合适。

第二节 运动前准备

运动前进行充分的准备活动，对于青少年来说是非常重要的。一些青少年体育运动爱好者，常常不重视运动前的准备活动，导致各种运动损伤，影响运动效果，也容易失去对体育运动的兴趣，甚至造成对体育运动的畏惧。因此，青少年在进行体育运动前，必须做好充分的准备活动。

一、准备活动的作用

运动前做好充分的准备活动对肌肉、内脏器官可以起到保护作用，同时还可以提前调节运动时的心理状态。

(一)提高肌肉温度，预防运动损伤

运动前进行一定强度的准备活动，不仅可以使肌肉的代谢过程加强，温度增高，黏滞性下降，而且可以提高肌肉的收缩和舒张速度，增强肌力，同时还可以增加肌肉、韧带的弹性和伸展性，减少由于肌肉剧烈收缩而造成的运动损伤。

(二)提高内脏器官的功能水平

内脏器官的功能特点之一就是生理惰性较大，即当活动开始、肌肉发挥最大功能水平时，内脏器官并不能立刻进入

最佳活动状态。

(三)调节心理状态

青少年进行体育锻炼不仅是身体活动,同时也是心理活动。研究证明,心理活动在体育锻炼中起着非常重要的作用。体育锻炼前的准备活动,可以起到心理调节的作用,即接通各运动中枢间的神经联系,使大脑皮层处于最佳兴奋状态。

二、如何进行准备活动

一般来说,准备活动主要应考虑内容、时间和运动量等问题。

(一)内容

准备活动可分为一般准备活动和专项准备活动。一般准备活动主要是一些全身性的身体练习,如跑步、踢腿、弯腰等。一般准备活动的作用在于提高整体的代谢水平和大脑皮层的兴奋状态,减少运动损伤的发生。专项准备活动是指与所从事的体育锻炼内容相适应的动作练习。

下面介绍一套一般准备活动操,供青少年运动前使用。这套活动操主要包括头部运动、肩部运动、扩胸运动、体侧运动、体转运动、髋部运动和踢腿运动等。

1. 头部运动

头部运动的动作方法(见图1-2-1)是:

两手叉腰,两脚左右开立,做头部向前、向后、向左、向右,以及绕环运动。

2. 肩部运动

肩部运动的动作方法(见图1-2-2)是:

手扶肩部,屈臂向前、向后绕环,以及直臂绕环。

3. 扩胸运动

扩胸运动的动作方法(见图1-2-3)是:

屈臂向后振动及直臂向后振动。

4. 体侧运动

体侧运动的动作方法(见图1-2-4)是:

两脚左右开立,一手叉腰,另一臂上举,并随上体向对侧振动。

5. 体转运动

体转运动的动作方法(见图1-2-5)是:

两脚左右开立,两臂体前屈,身体向左、向右有节奏地扭转。

6. 髋部运动

髋部运动的动作方法(见图1-2-6)是:

两脚左右开立,两手叉腰,髋关节放松,向左、向右各做360°旋转。

7. 踢腿运动

踢腿运动的动作方法(见图1-2-7)是:

两臂上举后振,同时一腿向后半步,然后两臂下摆后振,同时向前上方踢腿。

图 1-2-1

图 1-2-2

图 1-2-3

图 1-2-4

图 1-2-5

图 1-2-6

图 1-2-7

(二)时间和运动量

准备活动的时间和运动量随体育锻炼的内容和量而定,由于以健身为目的的体育运动量较小,因此准备活动的量也相对较小,时间也不宜过长,否则,还未进行体育锻炼身体就疲劳了。半小时的体育锻炼,准备活动时间一般以10分钟左右为宜。

第三节 运动后放松

进行剧烈的体育运动后,有些青少年习惯坐在地上,或是直接躺下来休息,认为这样可以快速消除疲劳。其实不然,这样做的结果不仅不能尽快地恢复身体功能,反而会对身体产生不良影响,正确的做法应该是运动后做一些整理活动,放松身体。

一、运动后整理活动的必要性

运动后的整理活动不仅可以避免头晕等症状，还可以有效地消除疲劳。

(一)避免头晕

人体在停止运动后，如果停下来不动，或是坐下来休息，静脉血管失去了骨骼肌的节律性收缩，血液会由于受重力作用滞留在下肢静脉血管中，导致回心血量减少，心血输出量下降，造成暂时性脑缺血，出现头晕、眼前发黑等一系列症状，严重者甚至会出现休克。为了避免这些症状的发生，运动后的整理活动是非常必要的。

(二)消除疲劳

除了避免头晕等症状的发生，运动后的整理活动还可以改善血液循环状态，达到快速消除疲劳的目的。

二、放松方法

在运动后放松时，应注意以下几个问题：
(1)做一些放松跑、放松走等形式的下肢运动，促进下肢静脉血的回流，防止体育锻炼后心血输出量的过度下降；
(2)在下肢活动后进行上肢整理活动，右臂活动后做左臂的整

理活动，通过这种积极性休息，使身体机能得到尽快恢复；

（3）整理活动的量不要过大，否则整理活动又会引起新的疲劳；

（4）在进行整理活动时，应当保持心情舒畅、精神愉快。

第四节 恢复养护

人体在运动后，除了可以采用休息和积极性体育手段加速身体功能的恢复外，还可以根据体育运动的特点，补充不同的营养物质，以尽快消除疲劳。

体育运动结束后，人体内会产生一种叫作乳酸的酸性物质，它的积累会造成肌体的疲劳，使恢复时间延长。所以，我们在体育运动后，应多补充一些碱性食物，如蔬菜、水果等，而动物性蛋白等肉类食品偏"酸"，在运动后的当天可适当减少摄入。

第二章 陈式太极概述

从古到今，在历代仁人志士呕心沥血的努力下，我国的许多拳种得以流传至今。陈式太极拳在众多中国传统拳术的基础上，不断地被充实和完善，世人誉其为中华民族的国粹、世界上最优秀的健身运动、中国传统哲学的形体表现。国外许多人士把陈式太极拳作为中国的代名词，并用毕生精力去研究它，矢志不渝。

第一节 起源与发展

陈式太极创始于明末清初，迄今已有300多年的历史。陈式太极是综合性地继承并发展了在明代民间和军队中流行的各家拳法，结合古代的导引术和吐纳术，吸取古代唯物主义哲学、阴阳学说和中医基础理论的经络学说而创立的一个内外兼修的拳种。

一、起源

明朝末期，一位陈姓乡兵参照明朝抗倭名将戚继光的《拳经》，创编了一套太极拳，并教授弟子和儿孙，陈式太极由此起源。

100多年间，近代太极拳理论家陈鑫在陈氏历代名哲苦心研究的基础上，用一生的心血创作了《陈氏太极拳图说》，对陈式太极拳做了系统全面的总结，为陈式太极的发展奠定了理论基础。

二、发展

中华人民共和国成立后，太极拳受到了党和政府的高度重视，被提到了增强人民体质、为人民的健康服务的高度。

原国家体委为普及太极拳，先后整理、创编、出版了一大批有关太极拳方面的书籍，为太极拳的发展奠定了基础。特别是在改革开放以后，随着人民生活水平的不断提高，陈式太极成了深受群众喜爱、普及率极高的群众性健身项目。

太极拳国际交流活动也日益频繁，陈式太极在世界许多国家都拥有大批的爱好者。

随着时间的推移，太极拳已从过去单纯以技击为主的拳术，逐步发展成为融技击、健身、养性和娱乐为主要功能的体育运动项目。

随着科学技术的发展，太极拳也将接受新的考验。在新的世纪，太极拳的健身、防身、修身、养性和娱乐等功能将进一步得到扩展和加强，以适应和满足不同层次的人的要求，为人类的健康事业服务。

第二节 特点与价值

太极拳是我国传统的体育项目之一，它的动作圆满灵活且刚柔相济，具有很高的医疗保健价值和文化价值。

一、特点

陈式太极的运动特点是：动作缠绵，曲折连贯；腰为主宰，以身带臂；对称协调，圆满灵活；刚柔相济，节奏鲜明；动作清楚，击法明确；呼吸与动作配合自然；螺旋或缠绕，手法多变，忽隐忽现，快慢相间；呼吸讲究"丹田内转"；架势宽大低沉等。

太极拳是一种合乎生理规律、轻松柔和的健身运动，练习太极拳除全身各个肌肉群关节需要活动外，还要配合均匀的深呼吸及横膈运动，并且特别要求人们在打拳时，尽量做到"心静"和全神贯注。

二、价值

陈式太极独到的健身作用、技击方式和内含的哲理令很多人如痴如醉。许多人借助它摆脱了病魔，还有很多人因它而获得身体功能上的提高、生活上的充实。

(一)健身价值

陈式太极以圆转性攻防动作为主，这种绵缓运动具有很高的健身价值。

(二)生理保健价值

练习陈式太极除了能够增强体质外，还是辅助治疗高血压、溃疡病、心脏病和肺结核病的好方法，是一种预防疾病的重要手段。

(三)攻防价值

陈式太极具有"粘连黏随""舍己从人"等攻防要领，融游戏性与较技性为一体，追求以弱胜强，攻防价值显著。

(四)教育价值

通过练习以太极学说为规范的陈式太极拳法，锻炼者能借助身体运动体悟中华文化内涵，从强调动作和谐的技术要领，领悟与他人、与社会及与自然和谐的意义。

(五)竞赛价值

陈式太极以柔缓和谐为美,既适合群众性交流比赛,又适合专业性竞技比赛,具有不同于其他体育赛事的竞赛价值。

(六)美学价值

陈式太极具有内涵或外在的美育特点,练习者可通过操练,逐渐培养自己在个性、品德和教养等方面的心灵美,达到修养身心、陶冶情操的目的。

(七)修德价值

陈式太极可对练习者进行潜移默化的品德教育,使练习者既习武又习德。

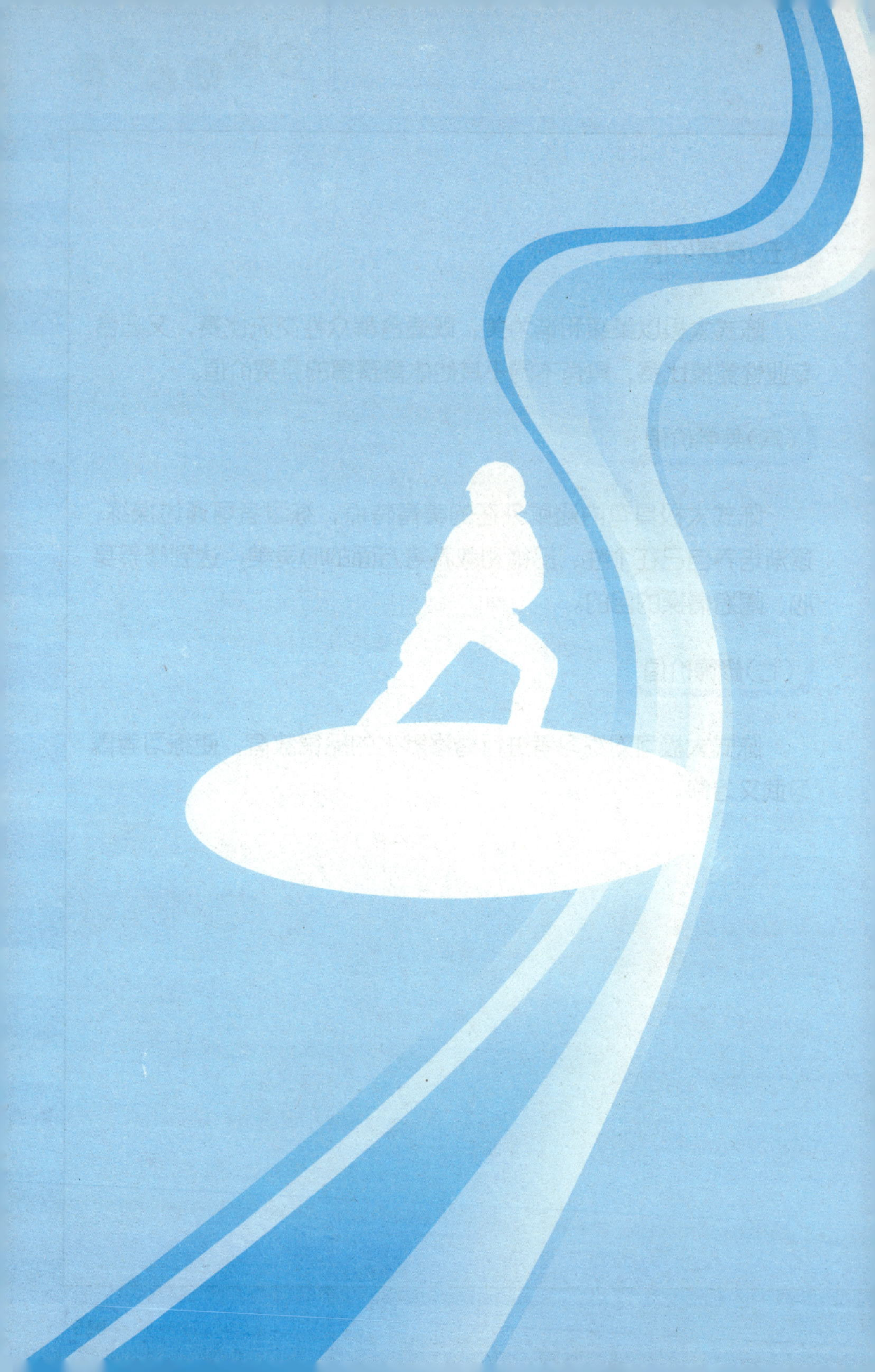

第三章 陈式太极场地和装备

　　场地和装备是进行太极拳运动必备的条件,对锻炼者和运动员技术水平的提高有很大的益处。良好的场地和装备可以使运动员和练习者充分发挥自己的技术水平。

第一节 场地

如果有条件，最好到正规的比赛场地练习；如果条件不允许，也可以在空地或家里的地板上进行练习。

一、比赛场地

（1）一般比赛场地长14米，宽8米，地面平整，铺设地毯；
（2）场地四周内沿应标明5厘米宽的边线；
（3）场地两长边中间各有一条长30厘米、宽5厘米的中线标记。

二、练习场地

练习场地的范围大小不限，最小几平方米即可，其他要求如下：
（1）尽量找空气清新、氧气充足的地方，青山绿水、花草树木旺盛之地最好，如花园里、青山上和绿水边等；
（2）初学者要选择地面较为平整的场地；
（3）身体素质较好、适应性较强的人可选择凹凸不平、障碍物较多的场地，因为凹凸不平的地面对刺激人体经络穴位、按摩肌肉会起到更好的作用，而障碍物更能训练人的灵活性和反应能力。

第二节 装备

太极拳的装备比较简单，主要包括服装和鞋。在正规的比赛中，装备必须齐备。在平时的练习过程中，装备可以随意一点儿，但是必须保证穿着舒服、得体。

一、服装

(一)款式(见图 3-2-1)

(1)女子服装为中式半开门小褂(长袖或短袖自定),5 对中式直袢,男子服装为中式对襟小褂(长袖或短袖自定),7 对中式直袢;

(2)灯笼袖,袖口处加 2 对中式直袢;

(3)上衣长度不得超过本人直臂下垂时的小指指端。

图 3-2-1

(二)材质

(1)服装的原料可自由选择,舒适即可;

(2)如果拳风扎实沉着,步法稳健,选用平绒面料,效果较好;

(3)如果拳风柔美潇洒,犹如飞凤,则选择双绉或绸缎的面料为好。

二、鞋

比赛和表演中常见的是以羊皮或帆布制面、软胶制底的武术表演专用鞋,这种鞋既舒服又美观。

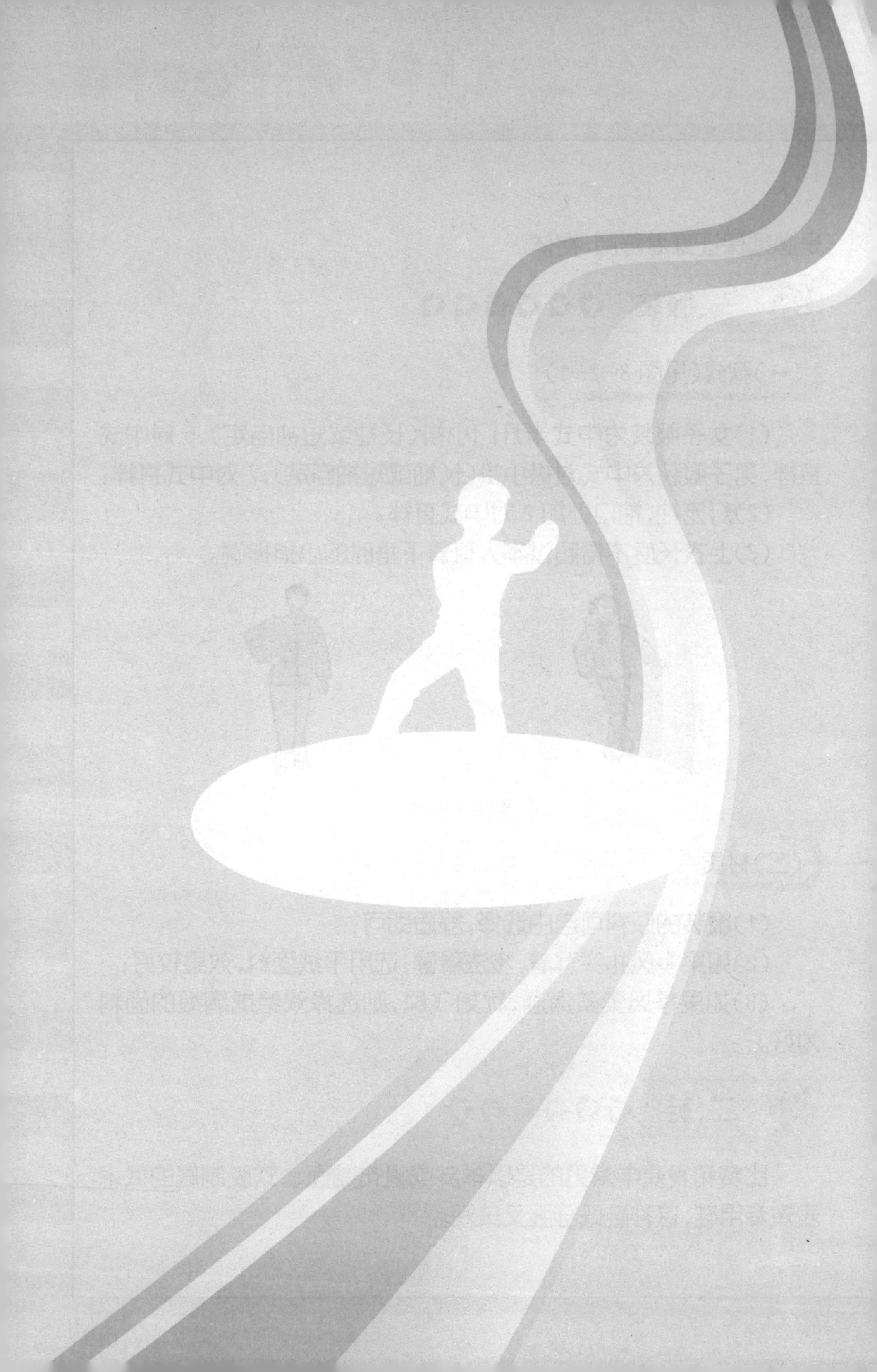

第四章 陈式太极基本技术

基本技术是学习套路前必须掌握的基本功，是学习套路的先决条件。陈式太极的基本技术包括基本手形、基本手法和基本步形等。

第一节 基本手形

基本手形是指太极拳中最常用的几个手形,包括拳、掌、勾等。

一、拳

拳的动作方法(见图 4-1-1)是:
(1)五指卷握,拇指紧压在食指和中指的第二指节上;
(2)握拳不可太紧,拳面要平。

图 4-1-1

二、掌

掌的动作方法(见图 4-1-2)是:
五指自然舒展,掌心略合,虎口呈弧形。

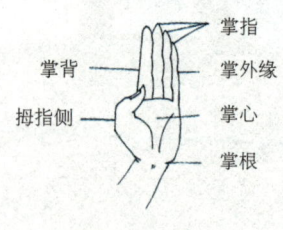

图 4-1-2

三、勾

勾的动作方法（见图 4-1-3）是：
五指的第一指节捏拢在一起，同时屈腕。

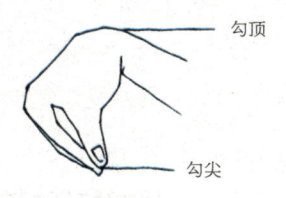

图 4-1-3

第二节 基本手法

基本手法是指太极拳中最常用的几种手法，包括拳法、掌法和臂法等。

一、拳法

拳法包括冲拳、搬拳和贯拳等。

（一）冲拳

冲拳的动作方法（见图 4-2-1）是：
自腰立拳，向前打出，高不过肩，低不过胸，力达拳面。

图 4-2-1

(二) 搬拳

搬拳的动作方法(见图 4-2-2)是:

屈臂俯拳,自异侧而上,以肘关节为轴,前臂翻至体前或体侧,手臂呈弧形。

图 4-2-2

(三) 贯拳

贯拳的动作方法(见图 4-2-3)是:

两拳自下经两侧,臂内旋向前圈贯与耳同高,拳眼斜朝下,两臂呈弧形。

图 4-2-3

二、掌法

掌法是太极拳中非常重要的技术,包括单推掌、搂掌、拦掌、穿掌、架掌和按等。

(一)单推掌

单推掌的动作方法(见图4-2-4)是:
掌贴耳旁,臂内旋,向前立掌推出,掌指高不过眼,力达掌跟。

图 4-2-4

(二)搂掌

搂掌的动作方法(见图4-2-5)是:
掌经异侧、体前弧形下搂至膝外侧,掌心朝下,掌指朝前。

图 4-2-5

(三)拦掌

拦掌的动作方法(见图4-2-6)是:

掌经体侧向上，立掌向胸前拦，掌心朝异侧，掌指斜朝上。

图 4-2-6

(四) 穿掌

穿掌的动作方法（见图 4-2-7）是：

侧掌或平掌沿体前、臂、腿穿伸，指尖与穿伸方向相同，力达指尖。

图 4-2-7

(五) 架掌

架掌的动作方法（见图 4-2-8）是：

手臂内旋，掌自下向前上架至头侧上方，臂呈弧形，掌心朝外。

图 4-2-8

(六)按

按的动作方法(见图4-2-9)是：
(1)单掌或双掌自上而下为下按；
(2)自后经下向前弧形推出为前按。

图4-2-9

三、臂法

臂法包括掤和挤。

(一)掤

掤的动作方法(见图4-2-10)是：
曲臂呈弧形举于体前,掌心朝内,力达前臂外侧。

图4-2-10

(二)挤

挤的动作方法(见图4-2-11)是：

（1）一臂屈于胸前，另一手扶于屈臂手腕部或前臂内侧；
（2）两臂同时前挤，臂撑圆，高不过肩。

图 4-2-11

第三节 基本步形

基本步形很简单，主要是指下肢的几个动作，包括弓步、虚步、仆步、丁步、独立步和平行步等。

一、弓步

弓步的动作方法（见图 4-3-1）是：
（1）前腿全脚着地，屈膝前弓，膝部不得超过脚尖；
（2）另一腿自然伸直，脚尖内扣斜向前方约 45°，两脚横向距离 10～20 厘米。

图 4-3-1

二、虚步

虚步的动作方法（见图 4-3-2）是：
(1) 一腿屈膝半蹲，全脚着地，脚尖斜朝前；
(2) 另一腿略屈，脚前掌或脚跟点地。

图 4-3-2

三、仆步

仆步的动作方法（见图 4-3-3）是：
(1) 一腿全蹲，膝与脚尖略外撇；
(2) 另一腿自然伸直，平铺接近地面，脚尖内扣，两脚着地。

图 4-3-3

四、丁步

丁步的动作方法（见图 4-3-4）是：
(1) 一腿屈膝半蹲，重心在屈膝腿上；
(2) 另一脚以脚前掌点于支撑脚内侧。

图 4-3-4

五、独立步

独立步的动作方法（见图 4-3-5）是：
一腿自然直立，另一腿屈膝提起，大腿高于水平。

图 4-3-5

六、平行步

平行步的动作方法（见图 4-3-6）是：
两脚分开，脚尖朝前，屈膝下蹲或自然直立，两脚外缘同肩宽。

图 4-3-6

第五章 陈式太极基础套路

陈式太极有利于提高身体的协调性、灵敏性和力量,是一种适合青少年学习的太极拳套路,它的基础套路包括第一段、第二段和第三段等。

第一节 第一段

第一段包括起势等 21 个动作。

一、起势

起势的动作方法（见图 5-1-1）是：

（1）两脚并拢，身体自然直立，头颈正直，下颌内收，胸腹放松，肩臂松垂，两手轻贴于大腿外侧，精力集中，呼吸自然，双目向前平视；

（2）左脚脚跟、脚尖依次缓缓提起，向左开步，两脚距离与肩同宽，脚尖向前，重心落于两腿之间。

图 5-1-1

二、右金刚捣碓

右金刚捣碓的动作方法（见图 5-1-2）是：

（1）身体略右转，同时两臂略屈，左手外旋，右手内旋，掌心均向下，两腿略蹲，身体略左转，带动两手臂向左划弧，举至肩平，掌心向下，目视两手之间；

（2）两腿屈蹲，重心移至左腿，上体右转，同时右脚以脚跟为

轴，脚尖外摆约 90°，随转体两臂略屈，左手外旋，右手内旋，手心向外、向右平摆，分别至身体侧前方，两手腕与肩平，指尖向左，目视左手前方；

（3）身体重心移至右腿，左脚提起，脚尖上翘，左脚以脚跟内侧贴地向左前方铲出，同时两手向右后方平推，手心向外，目视右手；

（4）身体重心左移，随重心移动左脚踏实，身体略左转，随之左手臂内旋，屈肘横于左胸前，手心向外，右手外旋向下、向右划弧于右膝旁，手心斜向下，重心移至左腿，身体继续左移，随转体右脚向前上步，脚尖点地呈右虚步，同时右手划弧外旋，前撩至右腹前，掌心斜向上，指尖斜向下，左手划弧，外旋回收，掌心向下合于右前臂上，目视右手；

（5）右掌变拳，屈臂上举至与鼻同高，拳心向内，左掌落至腹前，掌心向上，同时右腿屈膝提起，脚尖略翘起，接着右拳下落，砸击左掌心，同时右脚向左脚内侧踏地、震脚（两脚相距约 20 厘米），目视前下方。

图 5-1-2

三、揽扎衣

揽扎衣的动作方法（见图 5-1-3）是：

（1）身体略左转，重心偏于左腿，随之左手托右拳向左、向上划弧至左肩前，身体再右转，右拳变掌，手臂内旋，使两手臂交叉于胸前，右手在里，两手心均向外，目视左手；

（2）身体继续略右转，重心偏于右腿，右手向前、向右划弧至右肩前上方，左手向下、向左划弧至左胯旁；

（3）接着重心全部移至左腿并使左腿略屈，继而右腿屈膝，右脚提起，同时右手下落至右膝上方，左手向上举至左前方，腕高于肩；

（4）动作不停，左腿屈蹲，右脚以脚跟内侧贴地向右铲出，同时左手向右、向下划弧，右手向左、向上划弧，使两手臂于胸前相合交叉，右手在外，手心斜向上，目视左手；

（5）重心右移，上体略左转，右手内旋，手心向外，左手外旋，手心斜向上，接着重心继续右移，呈右偏马步，上体再随之略右转，随转体右手向上、向右平着经颏前划弧至右前方，前臂外旋，腕与肩同高，左手屈肘下落于腹前，手心向上，目视右手。

图 5-1-3

四、右六封四闭

右六封四闭的动作方法（见图 5-1-4）是：

（1）上体略左转，重心左移，左臂内旋，左手心贴腹向左划弧，右手略下沉，手心转向下；

（2）随即上体再略右转，重心随之右移，同时右手以腕为轴向内、向外旋转绕一圈，左手轻贴于腹，向左、向上内旋后屈腕上提，再外旋向右、向下、向左绕一小圈，目视右手；

（3）身体略左转，重心略左移，同时右手外旋，左手外旋，小指侧轻贴，左腹略下沉；

（4）接着上体略右转，重心略右移，右手继续外旋，向下、向左屈肘，向上划弧至左胸前，掌心朝向左后方，左手内旋，拇指侧轻贴左肋，屈腕向上、向右滚转，掌心向左，两手捧合于左胸前；

（5）接着上体右转，重心右移，两手腕相搭，左手在里，右手在外，手心均朝里，而后右手内旋，掌心朝外，左手外旋，掌心斜朝上，目视右手；

（6）两腿同时屈膝半蹲，两手下沉；

（7）随即上体略左转，重心左移，同时左手经下向左划弧，在胸前内旋转腕，屈肘、屈腕，手背一侧腕关节弧形向左上方捋至左耳侧，劲贯手背，五指斜向下，小指、无名指、中指依次内收，右手外旋，经下向左、向上划弧，托于右肩右前方，右掌略低于肩，指尖朝右，掌心向上，目视右掌；

（8）上体左旋，同时两臂屈肘，前臂内旋，掌心向上，掌指向外、向后分摆至肩上，接着重心移至右腿，左腿屈膝外展，左脚收至右脚内侧，脚尖点地，两脚相距约 20 厘米，上体右转，随转体两手向

右、向下按至右胯旁,虎口斜相对,掌心斜向下,目视两手之间。

图 5-1-4

五、左单鞭

左单鞭的动作方法(见图 5-1-5)是:

(1)身体略右转,左手内旋,略向右前方伸推,再外旋,掌心翻向上,右手外旋,经右掌下屈肘收于左前臂内侧,掌心向上;

(2)上体左转,右手内旋呈勾,经左掌心向右前方上提,腕略低于肩,勾尖向下,臂略屈,左手屈肘收至腹前,目视右手;

(3)身体重心右移,右腿屈膝下蹲,左脚提起;

(4)左脚以脚跟内侧贴地向左铲出,目视左脚;

(5)左脚尖落实,左腿屈膝,重心左移;

(6)接着右腿屈膝,重心右移,左掌由腹前略向右上托至右肩前,臂外旋,掌心转向外;

(7)随即重心再向左移呈左偏马步,左掌经胸前向左划弧至体左侧,腕略低于肩,掌指斜向上,掌心斜向前,目视左手。

图 5-1-5

六、搬拦捶

搬拦捶的动作方法(见图 5-1-6)是：

(1)上体略左转,右勾变掌,外旋转腕,左手内旋随转体向左略摆;

(2)重心右移,上体右转,随转体两掌变拳,同时向下、向右内旋,划弧摆至右胯旁,拳心斜相对,拳眼斜向后,目视两拳之间;

(3)重心略左移,两腿屈膝半蹲,同时上体急促左转,随之左拳外旋,两拳经胸前向左,以拳眼为力点横击抖发,左拳心向上,右拳心向下,目视左拳;

(4)动作与(2)同,但方向相反。

037

图 5-1-6

七、护心捶

护心捶的动作方法（见图 5-1-7）是：

（1）身体重心右移，上体右转，同时两拳内旋，向右下方划弧至右膝外侧，目视两拳之间；

（2）重心全部移至右腿，左脚屈膝提起，脚尖下垂；

（3）右臂内旋提肘，接着身体左转，右脚蹬地跃起，随即左、右脚依次向左前方（东南）落步，两腿略屈，重心偏于左腿，随转体左拳向上，经额前外旋向左后下方弧形抡臂至左腰侧，拳心斜向里，右拳外旋向上、向右前方划弧抡击至身体右前方，拳同肩高，拳眼向上，目视右拳；

（4）重心右移，上体右转，右侧屈肘内旋，右拳向下、向左划弧至腹前，拳眼朝里，左拳向左、向上、向右屈臂划弧至额前，接着左拳向下、向右经胸前屈肘落于右肋前，拳眼向上，右拳外旋向上，经胸前从左前臂内侧向左前方伸腕棚出，拳同胸高，随即上体略左转，两腿屈膝半蹲呈右偏马步，同时两拳、两臂合劲，目视右拳。

图 5-1-7

八、白鹤亮翅

白鹤亮翅的动作方法(见图 5-1-8)是：

(1)身体右转，两拳变掌，右掌略内旋，向上置于左肩前，掌心斜向下，左掌略外旋，向下置于右胯旁，掌心斜向下，同时右脚以脚前掌为轴略向外碾转，继而重心全部移至右腿，左脚提起，以脚跟内侧贴地向左前方铲出，目视左掌；

(2)左脚尖落地踏实，上体略左转，同时左手内旋向上，右手内旋向下，经胸前时两臂相交，左手在外；

(3)重心全部移至左腿，身体继续左转，随之右脚收至左踝内侧约 20 厘米处，随转体左掌经面前，右掌经腹前分别向上、向下分展，臂略屈，左掌略高于头，掌心向外，指尖斜向上，右掌落于右胯旁，掌心向下，指尖斜向前，目视前方。

图 5-1-8

九、斜行拗步

斜行拗步的动作方法(见图 5-1-9)是：

(1)上体先略右转，随转体右脚尖点地碾转，上体左转，随转体左手外旋向右、向下，略内旋向左划弧置于左胯旁，掌指向前，掌心向下，右手外旋向上、向左、向前划弧置于右前上方，掌指向右上方，掌心向外，目视右手；

(2)身体略右转，右脚提起后略向前踏脚落步，屈膝半蹲，随右脚落步左脚迅速屈膝提起，随即脚尖上翘，以脚跟内侧贴地向左铲出，同时左手继续向左、向上，屈臂外旋向右、向下划弧屈肘置于左肩前，腕同肩高，掌指朝上，掌心向右，右手内旋继续向右、向上划弧置于右胯侧，掌心斜向后下方，目视右手；

　　(3)重心左移，左脚尖落地踏实，左腿屈膝半蹲，上体左转，随转体左掌向右、向下、向左，经腹前搂至左膝前，左掌变勾向左上方至左胸前，臂略屈，勾尖向下，右掌屈肘置于右耳侧，掌指向左后方，掌心向内，目视左手；

　　(4)身体右转，随之右掌由右耳侧向左、向前，经胸前向右划弧平展，左勾手向左平展，同时两腿屈膝，重心略右移，接着重心左移，身体略左转，接着两肩下沉，两臂略屈并略外旋，坠肘，松腕，左手高度与肩平，勾尖向下，右手塌腕，指尖斜朝上，掌心斜向前，目视右掌。

图 5-1-9

十、提收

提收的动作方法（见图 5-1-10）是：

（1）身体重心略移向右腿，左脚尖内扣，同时左勾变掌，两手臂外旋，左手向下、向右，右手向下、向左划弧于左前方，左手在前，右手合于左肘内侧下方约10厘米处，虎口均向上，目视左手；

（2）身体略右转，重心移于右腿，左腿屈膝，左脚收于右脚左前方约20厘米处，脚尖点地，同时两手外旋收于腹前，左手在前，右手收于左肘内侧，手指均朝前，掌心均向上，目视前下方；

（3）身体略左转，重心全部移至右腿并屈膝，左腿屈膝提起，膝同腰高，脚尖自然下垂，同时两手内旋向前下推按，左掌置于左膝前，右掌置于左膝内侧，两掌心斜向前下，目视左手。

图 5-1-10

十一、前蹬

前蹬的动作方法（见图 5-1-11）是：

（1）右腿屈膝下蹲，左脚下落，脚尖翘起，以脚跟内侧贴地面向左前方铲出，同时身体右转，随之左手外旋，右手内旋，同时向下、向右划弧置于腹前，指尖均朝左，掌心均向下，目视两手之间；

（2）身体略左转，重心略移向左腿，左脚尖落地踏实，同时两手继续向右上划弧，左臂屈肘横于胸前，掌心向右，右掌继续向右、向上划弧，先外旋屈肘，而后内旋，以右手腕附于左前臂内侧，目视右手；

（3）身体继续左转，两前臂交叉，两手内旋，掌心外翻，接着重

041

心全部移至左腿,并屈膝半蹲,右脚经左脚内侧向右横迈一步,两掌随重心右移向左、向右划弧展开,两腕同肩平,两臂略屈,指尖均朝上,掌心均向外,目视右掌。

图 5-1-11

十二、右掩手肱捶

右掩手肱捶的动作方法(见图 5-1-12)是:

(1)身体略左转,重心略左移,同时两臂向两侧伸展,左手内旋,手心斜向下,右手外旋,手心上翻,接着身体右转,重心全部移至左腿,右脚蹬地,屈膝提起,脚尖自然下垂,随之右臂屈肘,右掌内旋变拳,向上、向左、向下收至腹前,拳面斜向下,左臂屈肘,左掌外旋,向上、向右、向下,与右手在胸前相合,左掌附于右前臂上,目视前下方;

(2)左腿屈膝,右脚下落,踏地震脚,随即左腿略屈提起,左脚向左前方(东北)铲出,继而重心略左移,左腿屈膝,左脚踏实,同时重心下降,上体略右转,随转体两手臂置于胸前,目视右拳;

(3)身体右转,重心略左移,同时左臂略外旋,右臂略内旋,分别向左上、向右下弧形分开,左掌心向外,右拳心向后,接着身体略左转,重心略右移,随之右臂屈肘,右拳外旋,向上、向左、向下收于胸前,拳眼向外,左臂屈肘,左手外旋,向右、向下划弧置于左肩前,掌心向上,拇指和食指伸直,其余三指弯曲,目视左手;

（4）身体略右旋后，快速左转，随之重心迅速左移，呈左弓步，同时左手快速收于左肋侧，手心轻贴左肋，右拳随转体后拉蓄劲，然后内旋，经左臂上向右前方（东南）快速发出，拳同肩高，拳心向下，目视右拳。

图 5-1-12

十三、披心捶

披心捶的动作方法（见图 5-1-13）是：

（1）身体右转，重心略右移，随转体左手变拳，内旋，向左、向前、向上划弧，撩至肩高时，右臂同时屈肘外旋，左拳同额高，右拳收于左肘内侧下方，两拳心斜向上，重心继续右移，身体继续右转，随转体右拳向下、向右经腹前内旋，向上划弧至体右侧，高与肩平，左臂屈肘，左拳向右经面前外旋，向下划弧至右胸前，目视右拳；

（2）身体略左旋，重心移向左腿，同时左拳向下、向左划弧，经腹前置于左腰侧，拳心向上，右臂屈肘外旋，右拳向上、向左划弧置于右肩前，拳同肩高，拳心向里，目视右拳。

图 5-1-13

十四、背折靠

背折靠的动作方法(见图 5-1-14)是：

(1)身体重心左移，上体左转；

(2)同时左臂屈肘，左拳内旋，拳面贴于左腰侧，右拳外旋，屈腕向左划弧置于左肩前，紧接着重心右移，上体向右拧转，随之右拳内旋，屈肘向右上方棚架，拳置于右额前上方，拳心向外，左拳以拳面紧贴腰左侧，目视左脚。

图 5-1-14

十五、青龙出水

青龙出水的动作方法(见图 5-1-15)是：

(1)上体略左转，重心随之左移，随转体右拳外旋，向前、向下划弧，右拳继续向前下划弧，左臂外旋向下、向后划弧，身体右转，重心右移，右拳收至右肋旁约 20 厘米处，拳心向上，左臂屈肘，左拳外旋向上、向右划弧至胸前，拳心斜向里，目视左拳；

(2)身体左转,重心略左移,同时右臂伸展,右拳内旋向下、向右、向上划弧至与肩同高时屈肘外旋,向左划弧置于身体右前方,拳同肩高,拳心斜向上,左拳继续向右、向下、向左划弧置于左腹前,目视右拳;

　　(3)身体右转,同时左拳内旋变掌,迅速向右前下方抖弹撩出,同腹高,拇指、食指伸展,其余三指略屈,手心斜向下,右臂屈肘,右拳外旋向左合收于左上臂内侧,拳心斜向上,目视左手;

　　(4)身体迅速左转,重心移向右腿,呈右偏马步,同时右拳内旋,迅速向右前下方发出至右膝前上方,右臂屈肘,拳眼斜向里,左掌以发右拳一样的速度,屈肘收贴于左腹部,掌心向里,目视右拳。

图 5-1-15

十六、斩手

　　斩手的动作方法(见图 5-1-16)是:

　　(1)身体略左转,左掌变拳,掌心朝右,随即重心全部移至左腿,略屈膝,右腿屈膝提起,身体右转,右脚外摆落地,同时右掌内旋,屈臂后再外旋置于腹前,掌心向上,目视右掌;

045

（2）身体继续右转，胸向西北，左脚提起，靠近右脚内侧落地震脚，两腿屈膝全蹲，同时左掌向左、向上、向前、向下切掌，置于右掌上，目视左掌。

图 5-1-16

十七、翻花舞袖

翻花舞袖的动作方法（见图 5-1-17）是：

（1）两掌内旋，向下伸展，两腿继续略蹲；

（2）接着两腿伸膝，右脚屈膝上提，左脚蹬地跳起，身体向右后翻转 180°，右、左脚依次落地，左脚在前，两腿屈膝，重心偏于右腿，随跳起右转，左手外旋，同右手一起向上、向右、向前、向下拍掌，左掌置于身体左前方，同胸高，右手落于腹前，掌心均朝下，目视左手。

图 5-1-17

十八、海底翻花

海底翻花的动作方法（见图 5-1-18）是：

（1）上体先右转再左转；

（2）随之重心全部移至右腿,膝略屈,左腿屈膝上提,膝同腹高；

（3）同时两掌变拳,随转体左拳向下、向右绕一立圆,置于左膝外侧约 10 厘米处,拳眼朝外,拳心向上,右拳向下、向右、向上划弧上举,臂略屈,拳略高于头,拳心向左,目视左手方向。

图 5-1-18

十九、左掩手肱捶

左掩手肱捶的动作方法（见图 5-1-19）是：

（1）左拳向上、向右、向下,右拳变掌向前、向下,两手在胸前相合,右掌附于左前臂上,指尖朝左上方,左拳面朝右下方,同时左脚向右脚内侧落地震脚,右脚脚跟迅速提起,右脚以脚跟内侧贴地,向右前方（东南）铲出,两腿屈膝半蹲呈马步,两手臂继续在胸前合劲,目视左拳；

（2）身体左转,重心略左移,同时左拳、右掌向右上、向左下呈弧形分开,右掌心朝外,左拳心朝后,重心略右移,左臂屈肘,左拳外旋向上、向右、向下收于胸前,拳眼朝外,右臂屈肘,右手外旋向左、向下划弧置于右肩前,掌心朝上,拇指和食指伸直,其余三指弯曲,目视右手；

（3）身体略左转,再急促向右转,随之重心右移呈右弓步,同时

右手快速收至右肋侧,手心轻贴右肋,左拳随转体后拉蓄劲,然后内旋向左前方快速发出,掌心向下,目视左拳。

图 5-1-19

二十、左六封四闭

左六封四闭的动作方法(见图 5-1-20)是:

(1)身体略右转,重心右移,同时左拳变掌,外旋向下、向右、向上划弧至右胸前,掌心向右后方,右手内旋,以拇指侧轻贴右肋,向上、向左翻转,掌心向右,两手捧合于右胸前,随即上体左转,重心左移,同时两腕轻贴,合劲向左上方呈弧形挤出,两手同肩高,左手内旋,右手外旋,同时向左前方伸展,目视左手;

(2)右脚外摆,重心右移,身体右转,左腿向左前方上步,脚尖点地,随之右手经胸前内旋,向右上方掤至右耳侧,劲贯手背,左手外旋向下、向右上,划弧托至左肩前方,掌心向上,劲贯掌指,目视左掌;

(3)身体略右转,重心全部移至右腿,屈膝半蹲,左脚提起,脚尖上翘,以脚跟内侧贴地,向左前方铲出,继而重心略左移,左脚尖落地踏实,同时两手内旋翻掌,向后、向内划弧置于两耳旁,掌心斜向上,目视右前方;

(4)身体略左旋,重心全部移至左腿,略屈膝,右脚向左脚内侧收步,右腿屈膝外展,脚尖点地,两脚相距约20厘米,同时两掌合劲向左下方按至左胯旁,两臂略屈,虎口斜相对,掌心斜向下,目视两手之间。

图 5-1-20

二十一、右单鞭

右单鞭的动作方法(见图 5-1-21)是:

(1)身体略左转,右手内旋,略向左前方伸推,再外旋,掌心翻向上,左手外旋,经右掌下屈肘收于右前臂内侧,掌心朝上,上体右转,左手内旋呈勾,经右掌心向左前方上提,腕略低于肩,勾尖朝下,臂略屈,右手屈肘收至腹前,目视左手;

(2)身体重心左移,左腿屈膝下蹲,右脚提起,右脚以脚跟内侧贴地向右铲出,目视右脚;

(3)右脚踏实,右腿屈膝,重心右移,接着左腿屈膝,重心左移,右掌由腹前略向左上托至左肩前,臂外旋,掌心转向外,随即重心再右移呈右偏马步,右掌经胸前向右划弧至体右侧,腕略低于肩,掌指斜向上,掌心斜向前,目视右手。

图 5-1-21

第二节 第二段

第二段包括云手等 6 个动作。

一、云手（向右）

云手（向右）的动作方法（见图 5-2-1）是：

（1）身体重心略左移再右移，同时左勾手变掌，腕外旋向下、向左划弧，掌心向外，右掌以腕为轴，内旋向下、向左划弧，掌心斜向后，接着身体略左转，重心移至左腿并屈膝，右脚迅速收至左脚内侧约 20 厘米处，脚尖点地，右腿屈膝略外展，同时左掌内旋，右掌外旋继续向上、向右、向下、向左划弧至身体左前方，左掌置于左肩前，右掌置于左腹前，掌心均向外，目视左掌；

（2）身体略左转，左腿屈膝半蹲，右脚向右开步，同时两掌向前略推，目视左掌；

（3）身体略右转，重心移至右腿并屈膝，随之左脚向右后方插步，脚前掌着地，同时右掌内旋向上、向左划弧于左胸前，指尖朝左上方，掌心向外，随之左掌外旋，向下、向右划弧于右腹前，指尖朝前，掌心向外，目视右掌；

（4）身体略左转，重心移至左腿并屈膝，右脚向右开步，同时左掌内旋，经胸前向上、向左划弧至身体左前方，略高于肩，掌指朝右上方，掌心向外，右掌外旋向右、向下、向左划弧于左腹前，指尖朝前，掌心向外，目视左掌；

（5）两腿屈膝下蹲，重心移向右腿，同时身体慢慢右转，随之右手内旋，掌心向下，左手外旋，掌心向上，随转体和移重心，两臂屈肘经胸前向右划平弧，左臂略屈，左掌心向上，右臂屈肘，右掌附于左上臂上方，掌心向下，目视左掌；

（6）身体略右转，重心全部移至左腿，右腿提膝，右脚内扣，同时左臂向前、向左、向胸部屈肘，经右前臂下侧、内侧，绕至右前臂上侧时内旋翻掌，向左前伸臂横掌击出，掌心向下，与此同时右前臂外旋，掌心向上、向右下拉至腹前，目视左掌。

图 5-2-1

二、云手（向左）

云手（向左）的动作方法（见图 5-2-2）是：

（1）身体向右转，右脚下落踏震并屈膝，随即左腿屈膝，左脚跟提起，脚尖点地，同时两手随体转，右手内旋，向上划弧至左肩前，掌心向外，左手外旋向下、向右划弧至右腹前，指尖朝前，掌心向右，目视右掌；

（2）身体重心全部移至右腿并屈膝半蹲，左脚提起向左横开步，同时身体右转，随之两掌继续向右划弧，右掌运行至身体右前方，略高于肩，掌指朝左上方，掌心向外，左掌运行至右腰前，拇指侧朝上，指尖朝右前方，掌心向外，目视右掌；

（3）同"云手（向右）"动作（3），但方向相反；

（4）同"云手（向右）"动作（4），但方向相反。

图 5-2-2

三、高探马

高探马的动作方法（见图 5-2-3）是：

（1）左脚尖外摆，重心移至左腿并屈膝半蹲，身体略左转，同时两臂略屈，左掌内旋，继续向右、向上、向左划弧于左肩前上方，指尖朝右上方，掌心向外，右掌外旋向右、向下划弧于体右前方，同胸高，指尖朝上，掌心向外，目视左手；

（2）身体继续略左转，重心移向左腿并屈膝，两手外旋，左手向下、向右，右手向下、向左划弧，两腕相合交叉于胸前，左手在右手上，指尖朝前，左掌心向右，右掌心向左，重心全部移至左腿，右脚

提起,经左脚内侧,以脚跟内侧贴地向右铲出,重心略移向右腿,右脚踏实,右腿屈膝半蹲,同时两手内旋,掌心转向外,向左右分展于侧前方,臂略屈,腕同肩高,指尖斜朝上,掌心向外,目视右手;

(3)上体右转,接着两手臂继续向左右分展外旋,掌心转向上,同时右脚尖内扣,合胯,接着身体左转,重心全部移至右腿并屈膝,右脚尖向右,左脚提起,收至右踝内侧约 20 厘米处,左脚尖略外展点地,左腿屈膝外展,同时两臂屈肘,左掌收至腹间,指尖朝右,掌心向上,右掌经耳侧向前推出呈立掌,指尖同鼻高,目视右掌。

图 5-2-3

四、右连珠炮

右连珠炮的动作方法(见图 5-2-4)是:

(1)身体左转,随之左臂屈肘,左掌略上提,右掌外旋向下、向左划弧于左腹前,随即身体右转,两前臂相叠掤出,左臂在里,右臂在外,两掌心向里,目视两手臂;

(2)重心右移,右腿屈膝,左脚向左后撤一步,随之重心下降,右手内旋,两臂外展,左掌心斜向上,右掌心斜向外,接着重心左移,左腿屈膝,身体左转,随之右腿屈膝,脚跟提起,脚尖略左点地,同时左手向下、向左划弧,经胸前内旋转臂,屈肘、屈腕,手背一侧腕关节呈弧形向左上至左耳侧,五指斜向下,小指、无名指、中指依次内收,右臂屈肘,右手外旋向下、向左、向上划弧于右臂前方,右掌略低于肩,指尖朝右,掌心向上,目视右掌;

053

（3）左腿屈膝，右脚向右出步，随之松腰，沉胯，敛臀，重心下降，同时两手内旋，向上划弧收于胸前，手心斜相对，身体右转，左脚蹬地，重心移向右腿，左脚略离地面，以脚跟铲地跟进半步，同时两手内旋合劲，迅速向前推出，两臂略屈，左手同胸高，指尖朝上，掌心向前，右手同肩高，指尖朝左上方，掌心斜向前，目视右掌；

（4）重心移至右腿并屈蹲，左脚向左后撤一步，随之重心下降，左手外旋下沉，掌心斜向上，右手继续向前伸展，掌心斜向外，重心移至左腿并屈膝，身体左转，随之右腿屈膝，脚跟提起，脚尖略左碾点地，同时左手向下、向上划弧，经胸前内旋转腕，屈肘屈腕于左耳侧，五指斜向下，小指、无名指、中指依次略内收，右臂屈肘，右手外旋，向下、向左、向上划弧，托于右肩右上方，右掌略低于肩，指尖朝右，掌心向上，目视右掌；

（5）动作与（3）相同。

图 5-2-4

五、左连珠炮

左连珠炮的动作方法（见图 5-2-5）是：

(1)重心右移，左脚撤半步，身体左转，重心左移，左腿屈膝，右脚尖点地，同时左手外旋，向左下划弧至左腹前，指尖朝右下方，掌心斜向上，右手外旋，向下、向左划弧至右胯旁，右臂略屈，指尖朝右下方，掌心斜向后，目视右掌；

(2)重心全部移至左腿并屈膝，右脚提起，向右后撤一步，身体右后转，接着重心移至右腿并屈膝，随之左脚以脚前掌为轴碾转并脚尖点地，左腿屈膝并略外展，同时两手臂继续向左、向上划弧，至左手与肩同高，右手与胸同高时，左手内旋展掌，掌心向下，右手外旋，掌心向上，随体转再向下、向右划弧，经胸前内旋转腕，屈肘、屈腕，手背一侧腕关节呈弧形向右上提至右耳侧，五指斜向下，小指、无名指、中指依次略内收，左臂屈肘，左手外旋向下、向左、向上划弧托于左肩前方，左掌略低于肩，指尖朝右，掌心向上，目视左掌；

(3)同"右连珠炮"动作(3)，但方向相反；

(4)同"右连珠炮"动作(4)，但方向相反；

(5)同"右连珠炮"动作(3)，但方向相反，左右对称。

图 5-2-5

六、闪通背

闪通背的动作方法(见图5-2-6)是：

（1）上体右转，随之右臂屈肘，左手外旋收于左肩前，指尖朝上，掌心朝向右前方，右手内旋向胸前划平弧，指尖朝前，掌心向下，同时右腿屈膝下蹲，左腿屈膝，脚跟提起，身体左转，左脚进半步，呈左弓步，同时两臂屈肘，左掌内旋，向右、向下划弧至胸前，右掌外旋，向右下划弧，当其经右腰侧向前划弧至胸前时，右掌经左前臂上穿至右肩前，指尖朝前上方，左掌向左下划弧至左胯旁，掌心向下，目视右掌；

（2）上体左转，随之左掌继续向左后划弧，展臂外旋，掌心斜向上，右掌内旋，掌心向外，接着左脚尖内扣，上体略右转，左臂屈肘，左掌外旋，向上、向右划弧至左耳侧，右掌以腕关节为轴继续内旋，指尖朝左，掌心转向外，紧接着左脚以前脚掌为轴，身体迅速向右后转约180°，随之右脚以前脚掌贴地向后扫，转半圈停于左脚左后方，脚跟踏地落实，两脚相距约30厘米，两腿屈膝，重心略偏于右腿，同时左掌继续由左耳侧随体转向左前下推出，臂略屈，手腕同胸高，指尖斜向上，掌心斜向右，右掌随体转向前、向右、向下划弧至右腹前，右臂屈肘、屈腕，指尖朝左，掌心向下，目视左掌。

图5-2-6

第三节 第三段

第三段包括指挡捶等10个动作。

一、指挡捶

指挡捶的动作方法（见图5-3-1）是：

（1）身体右转，随之左手外旋略向上、向右划弧至左胸前，指尖朝上，掌心向外，右手随体转向下、向右划弧至右胯旁，指尖朝左前方，掌心向下，接着身体左转，随之左手继续向右、向下、向左划弧至左腹前，指尖朝右，掌心向下，右手继续向右、向下划弧，当其经身体右前下方时，外旋向右、向上运行至右腰侧，指尖朝右前方，掌心向上，目视右掌；

（2）身体略右转，重心全部移至左腿并略屈，右腿屈膝提起，膝同腹高，脚尖自然下垂，同时左手继续向左、向下划弧，经身体左前下方时外旋，向上、向右划弧，举于头左前方，指尖斜朝上，掌心向右，右手继续向上、向左划弧，当其同肩高时，右掌变拳，屈腕向左，接着右脚下落踏地并屈膝，左腿屈膝，左脚跟抬起，脚尖点地，同时左手向右下划弧，右手向左下划弧，合于胸前，两臂屈肘，前臂相叠，右臂在下，随即右腿屈膝下蹲，左脚提起，以脚跟内侧贴地，向左前方铲出，两手臂继续合劲，左手指尖朝右上方，掌心向右下方，右拳拳心向下，目视左掌；

（3）重心略移向左腿，左脚尖下落踏实，同时两手臂向左右分展，左手侧举，臂略屈，掌略高于肩，指尖朝左上方，掌心向外，右拳向右斜下举，拳同腰高，拳心向后，身体略左转，同时左掌外旋，向

057

右下落至齐胸高，拇指、食指自然伸展，其余三指自然弯曲，掌指朝左前方，掌心斜向上，右臂屈肘外旋，向上、向左划弧于右肩前，拳心向后，随即身体左旋，略前倾，重心移向左脚，呈左弓步，右腿略屈，同时左手向右、向下划弧，经胸前略内旋，向左收于左腹前，掌心轻贴腹部，右拳由肩前继续向左、向下划弧，经胸前内旋，从左手心向左前下方抖弹发出，臂略屈，拳心斜向下，目视右拳。

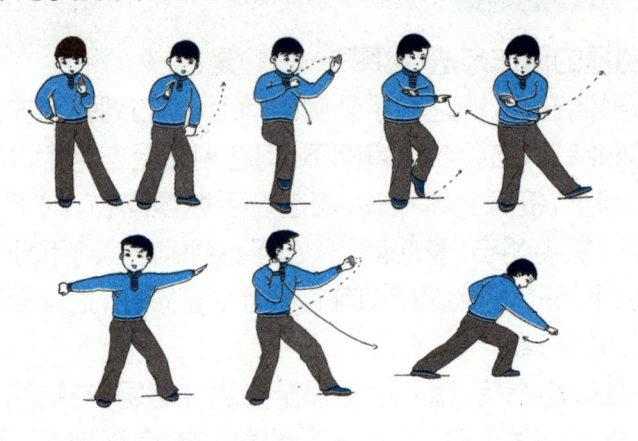

图 5-3-1

二、白猿献果

白猿献果的动作方法（见图 5-3-2）是：

（1）上体略左转，随之左手轻贴腹部，向下、向左划弧至腹左下方，指尖朝前，右拳向左、向下划弧于左膝外侧，目视右拳；

（2）上体右转，重心移向右腿，同时左手屈腕上提，以拇指侧虎口轻贴腰部，向前旋转至腹前，右拳继续向左划弧并内旋，右臂屈肘上提至齐肩，右拳继续内旋向上、向右划弧，经额前向右、向下、向左划弧至腰侧，拳心向上，目视右手；

（3）身体左旋，重心全部移至左腿并略屈，右腿屈膝提起，脚尖自然下垂，同时左手外旋，变拳向下、向左划弧收于左腰侧，拳心向上，右拳经腰部向前、向上划弧于右肩前，右臂屈肘，拳略高于肩，拳心向后上方，目视右拳。

图 5-3-2

三、双推手

双推手的动作方法（见图 5-3-3）是：

（1）左腿屈膝，右腿向右前迈步落脚，屈膝半蹲，重心偏于左腿，同时身体左转，左拳变掌，上托于左胸前，右拳随之变掌，两掌同时以腕关节为轴，向后旋转于肩上，左掌心向右上方，右掌心向左上方，目视前方；

（2）身体右转，重心全部移至右腿并屈膝，左脚尖外展，落于右脚内侧约 20 厘米处，左腿屈膝外展，呈左虚步，同时两手由肩上向前、向下经胸前立掌平推，腕同胸高，指尖朝上，两掌心相对，目视两手之间。

图 5-3-3

四、中盘

中盘的动作方法（见图 5-3-4）是：

（1）身体右转，随之左掌内旋，腕内扣，横掌前推于胸前，左臂略屈，左掌指尖朝右，掌心向前下方，右手伸腕外旋，由左掌下挫掌内收于胸前，右臂屈肘，指尖朝左，手心向上，目视左掌；

（2）身体左转，随之左掌外旋向下、向后，右手内旋向上、向前，两掌在胸前，掌心相对，上下翻转一次，目视右掌；

（3）动作与（2）相同，但左右手翻转方向相反；

（4）身体左转，随之左右掌同时翻掌，右掌心向下，左掌心向上，右掌向左、向上、向前划弧，经左前臂上穿出，同肩高，指尖朝左前，左掌向左、向右、向下划弧置于右肘下约 20 厘米处，指尖朝右，目视右手；

（5）身体右转，随之右掌继续向前、向右、向下、向后划弧，于身体右前方呈斜下举，左掌向后、向左，经胸前向前、向上划弧呈左前斜上举，同时左腿屈膝提起，接着左脚下落踏地并屈膝，右脚跟提起，同时两手臂左上、右下在胸前相合，随即左腿屈蹲，右脚提起，以脚跟内侧贴地向右铲出，同时两手臂继续相合，左掌合于右大臂上，指尖朝右上方，掌心向外，右掌指尖朝左前下方，掌心向后上方，目视右掌；

（6）上体略左转，随之右脚尖内扣下落踏实，重心向右移动，并略偏于右腿，同时左掌向前、向左下划弧，至左膝上约 20 厘米处，右手向前、向右上划弧，并屈腕上提于头右前方，略高于头，右手拇指自然伸展，食指、中指、无名指、小指依次自然向掌心弯曲，掌心向左下方，目向前平视。

图 5-3-4

五、前招

前招的动作方法（见图 5-3-5）是：

（1）身体右转，随之重心右移，右腿屈膝，左脚向左前方进半步，脚尖点地，呈左虚步，同时右手展指，以腕为轴，逆时针方向缠绕一圈后置于额右前方；

（2）指尖朝左，掌心向外，左手展腕落于左膝前上方，指尖朝前下方，目视左手。

图 5-3-5

六、后招

后招的动作方法（见图5-3-6）是：

（1）左脚向左前出步，重心左移，右脚向右前上步，呈右虚步，身体左转，同时右手外旋，向右、向上内旋，向左划弧至额左前方，指尖朝右，掌心向外；

（2）左手向右、向下划弧至右膝前上方，指尖朝前下方，目视右手。

图5-3-6

七、右野马分鬃

右野马分鬃的动作方法（见图5-3-7）是：

（1）上体右转，随之右手外旋向左、向上划弧，经胸前内旋向上、向右划弧至额右前方，指尖朝左，掌心向外，左手外旋向左、向下、向前划弧至左大腿外侧，指尖朝下，掌心向前，目视左手；

（2）身体左转，右腿屈膝提起，右脚尖自然下垂，同时左手外旋继续向右、向上划弧，经胸前内旋，向上、向左、向下划弧至身体左侧，腕同肩高，指尖朝前上方，掌心向外，右手外旋，向右、向下、向前、向左划弧至右膝前上方，目视右手；

（3）左膝屈膝下蹲，右脚以脚跟内侧贴地向右前铲出，重心移向右腿，右脚尖落地踏实，屈膝呈右偏马步，同时左手略外展，指尖

朝左前上方,掌心向外,右手向右前上方,目视右手。

图 5-3-7

八、左野马分鬃

左野马分鬃的动作方法(见图 5-3-8)是:

(1)身体右转,胸向东南,右脚外碾,重心移至右腿并屈膝,左腿屈膝提起,膝同腹高,脚自然垂下,同时右手内旋,掌心向外,向上、向右划弧至身体右侧,腕略高于肩,指尖朝右上方,掌心向外,左手向下、向右、向上外旋划弧至左膝前上方,目视左手;

(2)右腿屈膝下蹲,左脚以脚跟内侧贴地向左前铲出,重心移向左腿,左脚尖落地踏实,屈膝呈左偏马步,同时右手略外展,指尖朝右前上方,掌心向外,左手向左前上方穿出,指尖同鼻高,掌心向左后方,目视左手。

图 5-3-8

九、摆莲跌叉

摆莲跌叉的动作方法(见图 5-3-9)是:

063

（1）身体重心略移向左腿，上体略左转，随之左手向左前伸，腕同肩高，右手向前、向左划弧至右肩前，右腕略高于肩，掌心向外，重心略移向右腿，上体略右转，随之左臂屈肘，左手内旋向左、向后划弧收于左肩上，指尖朝后，掌心向上，右手内旋向前、向左划弧，右臂屈肘，右手继续向后、向右划弧至右肩上，指尖朝后，掌心向上，目视左前方；

（2）重心移向右腿，上体右转，随之右手略内旋向右、向前划弧伸出，腕略高于肩，掌心向外，左手内旋向右、向下划弧至右胸前，掌心斜向下，接着身体左转，重心移向左腿，同时两手向下、向左划弧，左手置于左腰前，指尖朝右下方，掌心斜向下，右手置于胯右前方，指尖朝右下方，掌心斜向下，目视右手；

（3）上体略左转，重心移向左腿，随之两手向左、向前、向上划弧至左胸前，掌心向下，接着上体右转，重心移向右腿，接着两手平向右划弧至右胸前，两手相距略宽于肩，手心向下，右脚收至左脚内侧，脚尖点地，两腿略屈，右膝略内合，两手继续向右划弧，右手下落至腰右侧，左手收至右胸前，目视右手；

（4）重心全部移至左腿并略屈，右脚向左、向上、向右划弧，当其摆至胸前时，两手向左、向上依次击拍右脚面，目视右手；

（5）左腿屈膝，右脚落至左脚内侧并屈膝震脚，随之左脚迅速离地略提起，同时右掌变拳，向前平举，拳眼向上，左手外旋向右、向下划弧收于右胸前，拳眼向上，接着右腿屈膝下蹲，左脚尖翘起，以脚跟贴地向左前铲出，右膝里扣，松胯合裆，下沉，臀部、右膝内侧和左腿后侧贴地，同时右臂略屈，右拳经面前向上、向右划弧至肩右前上方，拳心向外，左拳向下随左脚铲出，前伸，拳心向上，目视左拳。

图 5-3-9

十、左右金鸡独立

左右金鸡独立的动作方法（见图 5-3-10）是：

（1）右脚蹬地，重心移向左腿，呈左弓步，同时右拳下落至与肩平，左拳内旋随弓步向前上伸举，拳略低于肩，接着上体左转，随之重心全部移至左腿，右腿屈膝，向前上提起，同时左臂屈肘，左拳变掌，横于胸前，掌心向下，右拳变掌，经胯侧外旋，向前、向上从左前臂内侧穿出，掌心向右后，而后经面前内旋上穿，呈右上举，掌心向右，左手下落于左胯旁，掌心斜向下，目向前平视；

（2）左腿屈膝下蹲，右脚下落至左脚内侧轻轻踏地，两脚相距约 20 厘米，同时右掌随右脚下踏按于胯右前侧，左掌略抬起，与右掌同时按于左胯前，两掌指尖均朝前，掌心均向下，目视右手；

（3）上体略右转，重心略移向右腿，同时两掌随体转向下、向右划弧，接着上体左转，重心移至左腿，并继续下蹲，右脚提起，脚尖上翘，以脚跟内侧贴地向右铲出，同时两臂略屈，左掌内旋，右掌外旋，两掌同时向前、向左、向上划弧，左掌伸于身体左前方，腕同肩

065

高,指尖朝右前方,掌心向左前方,右掌伸于胸前,指尖朝右前方,掌心向左前方,目视右掌;

(4)重心移向右腿并屈膝,上体略右转,随之左脚收于右脚内侧,脚尖点地,右膝略屈,略外展,同时左掌向下、向后、向右划弧收至左胯侧,指尖朝前,掌心向上,右掌向下、向左划弧按于左胸前呈横掌,指尖朝左,掌心向下,目视右手;

(5)身体略右转,随之左手外旋,向上从右前臂内侧穿出,掌心向左后,接着重心全部移至右腿并略屈,左腿屈膝提起,膝同腹高,脚尖自然下垂,左手经面前内旋,继续上穿,呈左上举,掌心向左,右手落于右胯旁,掌心斜向下,目向前平视。

图 5-3-10

第六章 陈式太极比赛规则

　　裁判工作是陈氏太极比赛的关键性工作,裁判组织是否健全、裁判人员的素质高低都会直接影响着陈氏太极比赛能否顺利进行。裁判员必须熟悉陈氏太极技术,真正掌握和领会竞赛规则和精神,而且要在评定时坚决做到严肃、认真、公正和准确,只有这样才能保证比赛的顺利进行。

第一节 程序

目前所开展的有关太极拳的比赛包括套路比赛、太极散手比赛、太极推手比赛和器械类比赛等。其中以套路比赛的规模为最大,系统也最完善,其规则经过几次修改后,也较为稳定。其次是推手比赛。这里主要介绍套路比赛和推手比赛的规则。

一、参赛办法

陈氏太极比赛是参赛人以团体或个人的名义来进行的比赛。

二、比赛方法

陈氏太极比赛是在比赛过程中由裁判员给分来决定比赛结果的。

比赛时由参赛者表演,结束后会得到相应的分数,由分数高低来决定是否继续参加下一轮比赛,在下一轮比赛中依然还是表演同一套路,以此类推,直至最终的结果。

第二节 裁判

裁判在一定程度上决定了比赛能否正常合理地进行,同时也决定了观众能否更好地欣赏比赛。

一、裁判员

陈氏太极比赛需要各方位的裁判员来评判参赛选手的动作，所以陈氏太极比赛的裁判员最少需要 5 个人。

二、评分、记分

（一）一般评分标准

由于套路比赛是以运动员的得分多少来决定名次的，因此运动员的得分就是对运动员演练水平高低的评定。

各类比赛的最高得分标准均为 10 分，评分和扣分标准如下：

（1）动作规格的分值为 6 分，凡手形、步形、手法、步法、身法和腿法与规格要求轻微不符者，每出现一次扣 0.05 分，与规格要求显著不符者，每出现一次扣 0.1 分，与规格要求严重不符者，每出现一次扣 0.2 分，一个动作出现多种错误时，最多扣分不得超过 0.2 分；

（2）劲力、协调的分值为 2 分，凡用劲顺达、沉着准确、连贯圆活，手、眼、身、法、步协调者，给予满分，凡与要求轻微不符者，扣 0.1~0.5 分，显著不符者，扣 0.6~1 分，严重不符者扣 1.1~2 分；

（3）精神、速度、风格、内容、结构和布局的分值为 2 分，凡符合意志集中、精神饱满、神态自然、内容充实、速度适中，结构合理和布局匀称要求者，给予满分，凡与要求轻微不符者，扣 0.1~0.5 分，显著不符者，扣 0.6~1 分，严重不符者，扣 1.1~2 分。

(二)其他错误评分标准

运动员在演练套路时出现遗忘、出界、器械变形或掉地等现象属其他错误,不属于动作规格的错误,应单独扣分。这些错误的扣分有的由执行裁判员扣分,有的由裁判长扣分。

1. 由裁判员扣分的其他错误

(1)没有完成套路

任何项目的比赛,凡运动员没有完成套路中途退场者,均不予评分。

(2)遗忘

在比赛中,每出现一次遗忘现象,根据程度不同,扣 0.1~0.3 分。

(3)出界

身体的某一部位接触线外地面,扣 0.1 分;整个身体出界,扣 0.2 分。

(4)失去平衡

在比赛中,每出现一次附加支撑,扣 0.1~0.2 分;一个动作中连续出现附加支撑,扣 0.3 分;每出现一次倒地,扣 0.3 分。

(5)动作错误

规定套路的动作路线出现错误按动作规格扣分,动作方向超出规定方向左右 45°以外者,每出现一次扣 0.1 分。

2. 由裁判长扣分的其他错误

(1)起势、收势

起势与收势不符合要求者,扣 0.1 分;做起势或收势动作时有意拖延时间者,扣 0.1~0.3 分。

(2)重做

如果运动员因客观原因,造成比赛套路中断,经裁判长许可,可重做一次,不予扣分。

如果运动员因动作遗忘、失误、器械损坏等原因造成比赛套路中断,可重做一次,但应扣1分。

如果运动员临场受伤不能继续比赛,裁判长有权令其中止;经过简单治疗即可继续比赛的,可安排在该组最后一名继续上场;如果已经是该组最后一名的,则安排在第二天该项目比赛组的第一名参加比赛,按重做处理,扣1分。

因伤不能在上述规定时间内继续比赛者,作弃权论。

三、违例

陈氏太极的违例和其他体育项目的违例有很多不同。

第一,从服装上要注意不能带有可以提高自己动作效果的装饰;

第二,比赛时进入场地的方位先后顺序不能错误;

第三,比赛时不能因为要作出完整的动作而出边界;

第四,动作不能少或顺序颠倒。

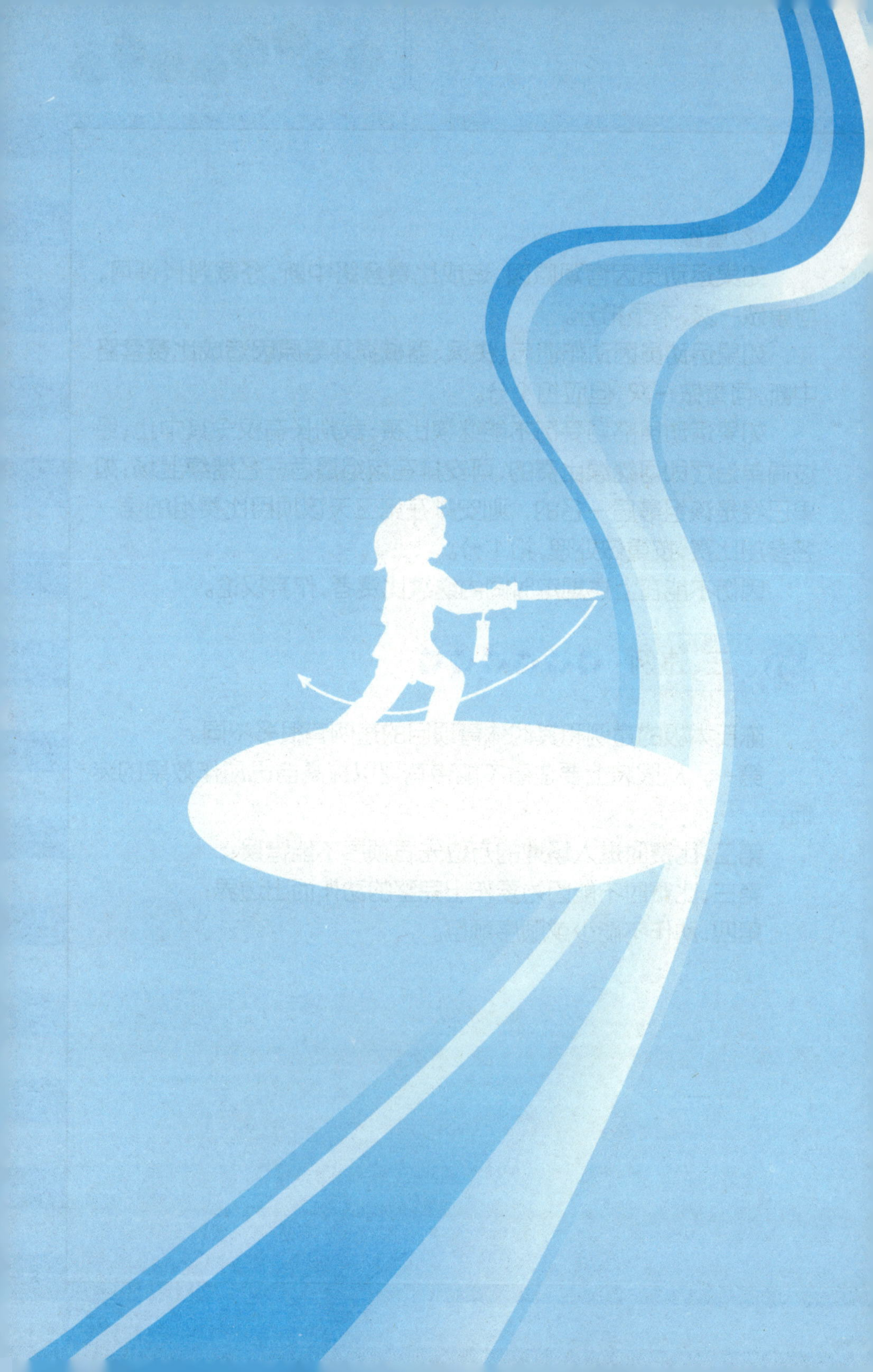

太极剑

第七章 太极剑概述

太极剑是在太极拳运动的基础上，结合剑术的基本方法创编而成的，兼有太极拳和剑术的风格，在医疗康复、强身健体、陶冶性情等方面都具有良好的作用。

当今，随着工作、学习节奏的加快，人们需要节奏较舒缓的健身方式来调节一下紧张的神经，太极剑运动在这方面显示出了独有的魅力和价值，吸引着越来越多的爱好者投身其中。

第一节 起源与发展

太极剑是太极拳运动的一个重要内容，兼有太极拳和剑术两种风格特点，不仅要像太极拳一样，表现出轻灵柔和，绵绵不断，重意不重力，同时还要表现出优美潇洒、剑法清楚、形神兼备的剑术演练风格。

一、起源

剑有剑器和剑术之分，剑器是指具体的实物，而使用剑的技术称为剑术。

太极剑是属于太极拳门派中的剑术，兼有太极拳和剑术二者的风格特点。目前流行的各式太极剑，大多是近百年来太极拳形成流派以后，在古代剑术的基础上，吸收了其他拳派的剑术内容改造发展而形成的。

二、发展

中华人民共和国成立后，武术作为民族体育项目，在挖掘、整理、继承的基础上，得到了空前的发展，出现了大范围的群众性练武高潮。太极剑作为主要武术项目，备受人们的喜爱，其内容不断丰富发展，技术日益充实提高。

1957年，国家体委运动司组织专家在杨式太极剑的基础上创编了三十二式太极剑，极大地推动了太极剑的普及与发展。

1992年，国家体委武术研究院组织专家创编四十二式太极剑竞赛套路,进一步促进了太极剑的发展。

目前,太极剑逐渐吸收了众多太极拳当中的精华,不断地创新和改进,其套路练习更加丰富多彩。

第二节 特点与价值

太极剑具有太极门中特有的运动规律和意识,动作套路柔和连贯、动中求静、重意不重力,使习练者心静体松,具有很高的健身功能和体育医疗价值。

一、特点

太极剑是属于太极拳门派中的剑术,兼有太极拳和剑术二者的风格特点。

(一)心静体松

太极剑练习是在放松、平静、自然的状态下进行的,没有剧烈运动的紧张感、疲劳感和不适应感,这样可以形成一种悠然、轻快、宁静、专一的心境。

(二)柔和连贯

练习太极剑时,动作要不僵不拘,轻松自如,舒展大方。柔指习练时身体重心平稳,虚实分明,轻飘徐缓;和指动作路线带有弧形,不起棱角,不直来直往,符合人体各关节自然弯曲的状态;连贯要求动作的虚实变化和姿势的转换衔接无停顿断续之处。

(三)动中求静

静指平静、镇静、沉静。人体无论处于何种状态,都没有绝对的"静"。所谓"动中求静"是要求练习太极剑时保持一种相对的沉静,力求思想集中(即入静)、动作缓慢、呼吸深长。

(四)形神兼备

练习太极剑套路时,动作不但要合乎规格,优美舒展,而且要在一招一式中表现出武术特有的神韵和气势,犹如一幅书画佳作般静中有动,挥洒自如。

二、价值

(一)健身价值

太极剑的健身价值主要源于它独特的技术要求和特有的运动形式。太极剑在练习过程中,注重的是"内"与"外"的整体修炼,既要遵循太极拳运动中"心静体松,身法中正,连贯圆活,刚柔相济,呼吸自然"等要求,又要按照剑术自身的规律进行演练。

长期坚持正确的练习方法,必能以气运身,以意运剑,意先身后,身随剑起,达到一种身与剑合、剑与意合的境界。因此,通过太极剑的练习,对外能利关节、强筋骨、壮体魄,对内能理脏腑、通经脉、调精神,使身心得到全面的锻炼。

(二)教育价值

太极剑作为一个武术项目,在教育方面历来重视"武德",引导学生养成尚武崇德的精神,这种精神正是传统中华精神在武坛的缩影。"崇德"能培养"厚德载物"的气度,强调武德教育,就是要求习武者有手德、口德、公德。手德即较技时不以武力伤人,即使对待歹徒,也以擒拿、点穴等法制服敌手为尚;口德即不以语言中伤他人;公德即遵守社会道德规范,不做扰乱社会治安的事。

太极剑的武术技法还形成了"以柔克刚""舍己从人"等顺其自然、保护自己、不与人强争胜负的打法。这些崇尚武德的修养,能使习武者逐步养成与人友善、淳厚处世、宽容万物的气度,这正是"厚德载物"德行在武术中的具体体现。

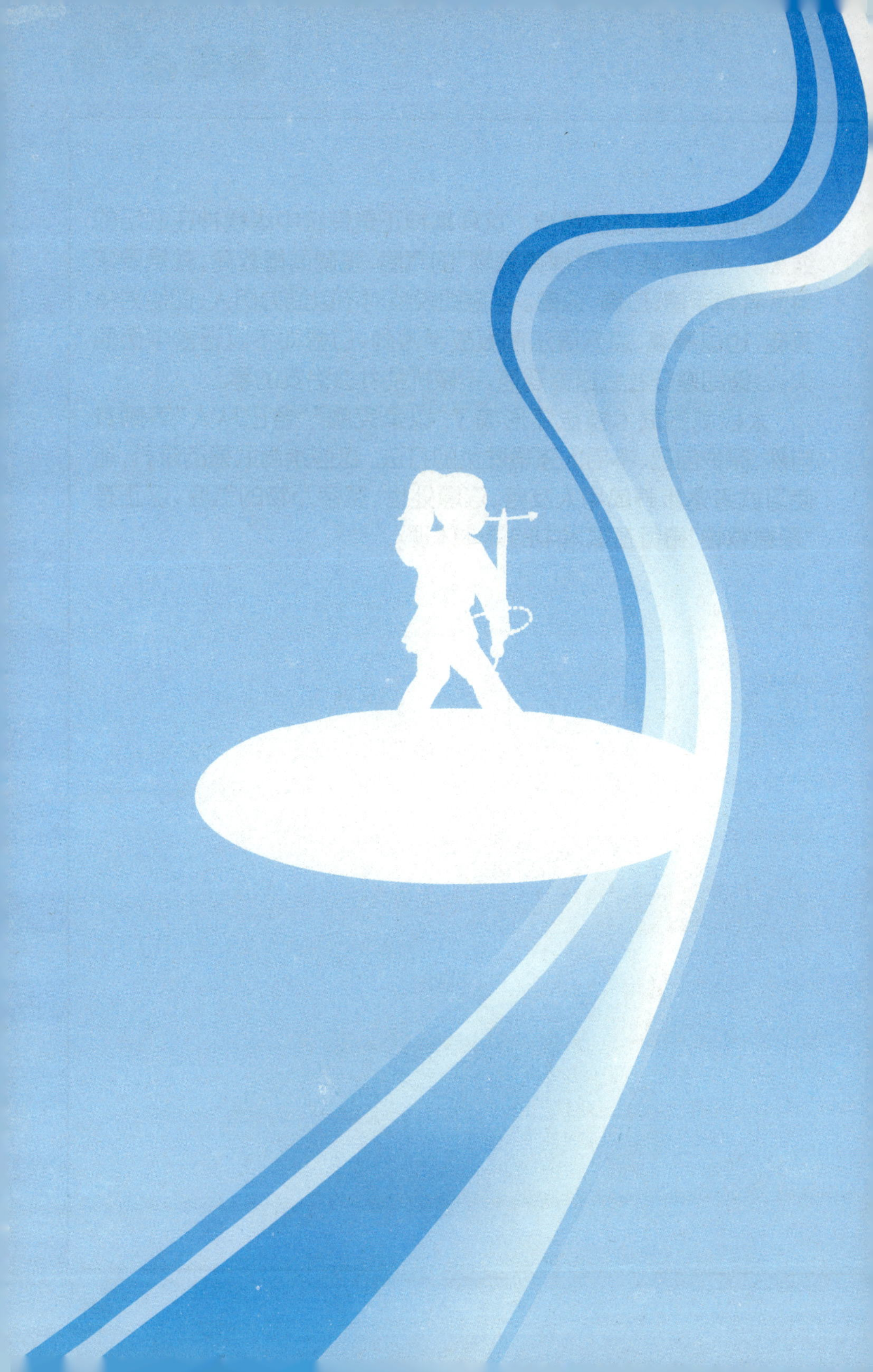

第八章 太极剑场地、器材和装备

太极剑动作形式多样，内容复杂，具有很强的观赏性和艺术性，但是这项运动在比赛的时候，对场地、器材和装备都有很高的要求。高质量的场地是太极剑运动开展的前提，而良好的器材和装备是活动参与者高水平发挥的必要保证。

第一节 场地

一般情况下，初学者可以在空地上进行太极剑练习，但是，高水平的太极剑练习最好在武术馆或体育馆中的正规场地进行，以减少不必要的运动损伤。

一、规格

（1）单练和对练项目的场地为长14米、宽8米；
（2）集体项目的场地为长16米、宽14米；
（3）场地四周内沿应标明5厘米宽的边线，周围至少有2米宽的安全区（集体项目的场地周围至少有1米宽的安全区）；
（4）场地的两长边中间各有一条长30厘米、宽5厘米的中线标记。

二、设施

正规比赛场地应铺设地毯。

三、要求

（1）比赛场上空从地面量起，至少有 8 米的无障碍空间；

（2）如设两个以上比赛场地，两场地之间应有 6 米以上的距离。

第二节 器材

太极剑运动的基本动作和套路动作都是借助太极剑来完成的。

一、规格

（1）长度标准为：以反手垂臂持剑，剑尖高不过头、低不过耳；

（2）重量为 0.5～1 千克（武术竞赛规则规定：成年男子剑不得轻于 0.6 千克，成年女子剑不得轻于 0.5 千克）。

二、构造

（一）剑身

（1）剑身由剑尖、剑刃、剑脊、剑面构成；

（2）剑尖为剑身最前端的尖锐部分，剑刃为剑身两侧锋利部分，剑脊为剑身长轴隆起部分，剑面为剑脊两侧的平面。

(二)剑把

(1)剑把由剑首、剑柄、护手构成,并配置剑穗和剑鞘;

(2)剑首为剑柄后端的突出部分,剑柄为剑把上的把柄,护手又称剑格,多呈"V"字形或"A"字形,为剑柄与剑身间相隔的突出部分;

(3)剑穗又称剑袍,为系在剑首的穗子,剑鞘为用来盛装剑的囊鞘(见图 8-2-1)。

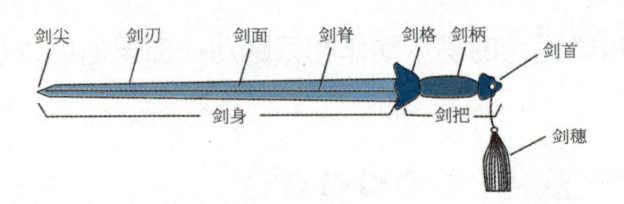

图 8-2-1

第三节 装备

平时练习太极剑时,对装备的要求不高,简单、舒适即可,但在正式比赛中需要穿着专门的武术服和武术鞋。

一、服装

(一)款式(见图 8-3-1)

(1)女子为中式半开门小褂(长袖或短袖自定),5 对中式直袢;

男子为中式对襟小褂(长袖或短袖自定),7对中式直袢;

(2)灯笼袖,袖口处加2对中式直袢;

(3)扎软腰巾,中式裤、西式腰,襟和立裆要适宜。

图 8-3-1

(二)材质

服装舒适即可,原料的选择一般遵循以下原则:

(1)如果剑法沉着,步法稳健,选用平绒面料效果较好;

(2)如果剑法潇洒,犹如飞凤,选择双绉或绸缎的面料为佳。

二、鞋

比赛和表演中常见的是以羊皮或帆布制面、软胶制底的武术表演专用鞋,这种鞋既舒服又美观。

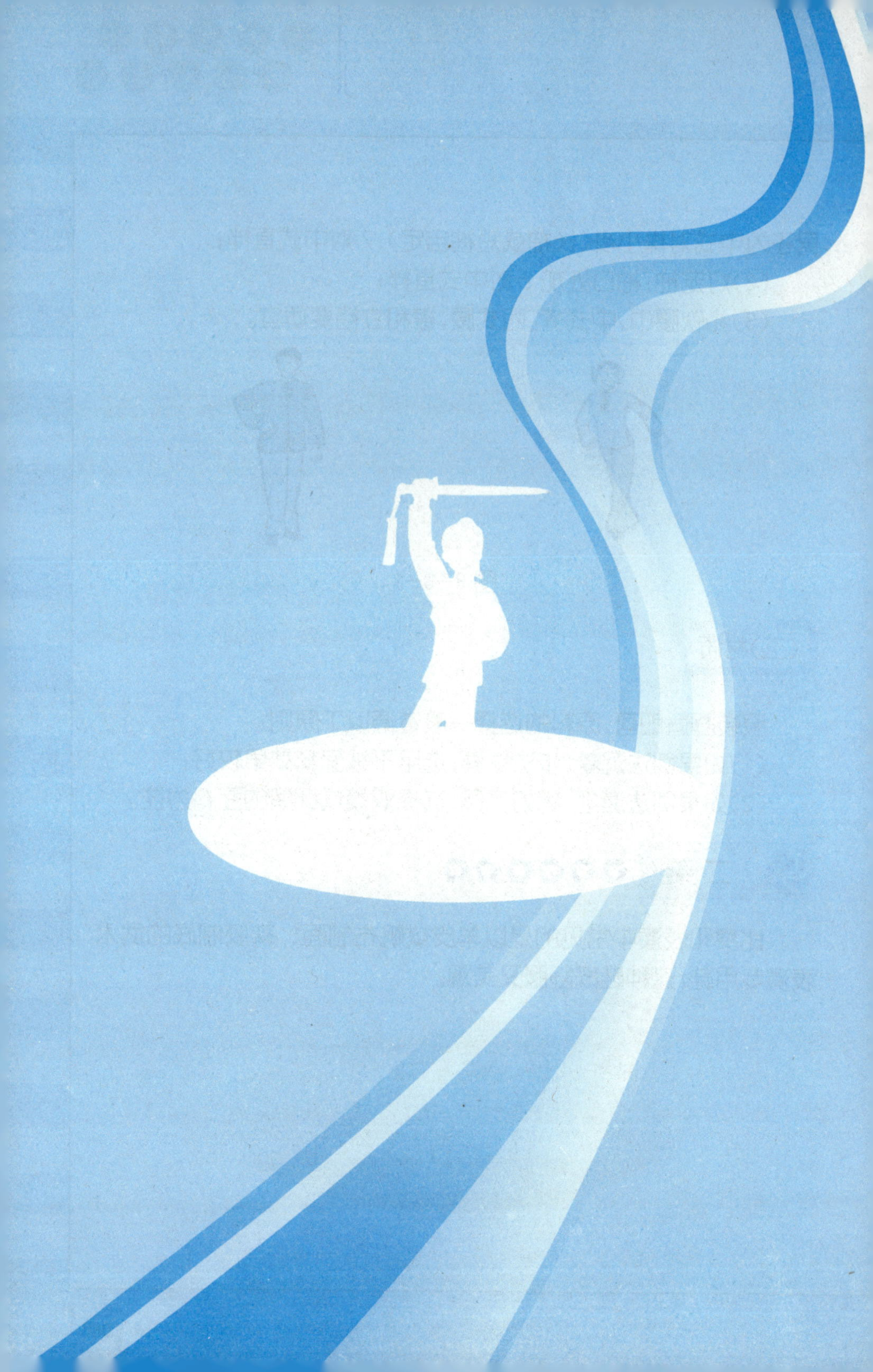

第九章 太极剑基本技术

太极剑的基本技术是太极剑练习的入门技术,是各种套路动作的基础。只有熟练掌握了基本技术,才能在套路表演中挥洒自如,游刃有余。基本技术包括握法与手法、步形与步法等。

第一节 握法与手法

练习太极剑应该掌握握剑方法和手法,这是练习太极剑的基本动作,可以为更好地学习太极剑打下良好的基础。基本握法与手法包括左手持剑和右手剑指等。

一、左手持剑

左手持剑常用于太极剑演练中的起势,特点是握剑紧稳,不容易脱手,动作简单,适合初学者练习,动作方法(见图 9-1-1)是:

手自然舒展,虎口对准剑护手处,拇指由护手上方向下,中指、无名指和小指由护手下方向上,握住护手,食指伸直,贴于剑把之上,剑身平贴于左前臂后侧。

图 9-1-1

二、右手剑指

右手剑指的动作方法(见图 9-1-2)是:

不持剑的手要捏成"剑指",食指、中指并拢伸直,其余三指弯曲握于掌心,大拇指扣压在无名指和小指前端骨节和指甲上。

图 9-1-2

第二节 步形与步法

步形和步法是太极剑中最基本的下肢动作技术方法。

一、步形

步形包括弓步、虚步、马步、仆步、丁步和歇步等。

(一) 弓步

弓步的动作方法（见图 9-2-1）是：
(1) 两脚全脚着地，前脚脚尖朝前，屈膝前弓；
(2) 膝部不得超过脚尖，后腿自然伸直，脚尖斜向前方，两脚横向略宽于肩，以自然舒适为度。

图 9-2-1

(二) 虚步

虚步的动作方法（见图 9-2-2）是：
(1) 一腿屈膝下蹲，全脚着地，脚尖斜向前 45°；
(2) 另一腿略屈，以脚前掌或脚尖点于身前。

图 9-2-2

(三)马步

马步的动作方法(见图 9-2-3)是:

两脚左右分开站立,约为脚长的 3 倍,脚尖正对前方,屈膝半蹲。

图 9-2-3

(四)仆步

仆步的动作方法(见图 9-2-4)是:

一腿屈膝全蹲,膝与脚尖略外展,另一腿自然伸直,平铺接近地面,脚尖内扣,两脚全脚掌着地。

图 9-2-4

(五)丁步

丁步的动作方法(见图9-2-5)是:

一腿屈膝半蹲,全脚着地,另一腿屈膝,以脚前掌或脚尖点于支撑腿内侧。

图9-2-5

(六)歇步

歇步的动作方法(见图9-2-6)是:
(1)两腿交叉屈膝半蹲,前脚尖外展,全脚着地;
(2)后脚尖朝前,膝部附于前腿外侧,脚跟离地,臀部接近脚跟。

图9-2-6

二、步法

太极剑步法要求做到进退、转换轻灵稳健,虚实分明,前进时脚跟先着地,后退时前脚掌先着地,重心移动平稳、均匀、清楚,两

脚距离和跨度适当,脚掌和脚跟碾转合度,膝部松活自然,直腿时膝部不可僵挺。步法包括上步和退步等。

(一)上步

上步的动作方法(见图9-2-7)是:后脚向前一步或前脚向前半步。

图 9-2-7

(二)退步

退步的动作方法(见图9-2-8)是:前脚后退一步。

图 9-2-8

第十章 三十二式太极剑套路

三十二式太极剑源于传统杨式太极剑。它从传统杨式太极剑中选取了32个动作,分4段,每段8个动作,往返2个来回,删去个别难度较大的动作,重新调整动作编排,简化了一些动作做法,规范了剑法要求,明确了动作路线,具备简单易学、易于推广的特点,所以,三十二式太极剑深受人们喜爱,在世界范围内得到了广泛发展。

第一节 预备势与起势（三环套月）

预备势与起势是三十二式太极剑的准备动作和起步动作。

一、预备势

1. 动作方法（见图10-1-1）

（1）面向正南（这是假设，便于以后说明方向），两脚并立，身体正直，两臂自然置于身体两侧，左手持剑，剑身竖直，剑尖向上，与身体平行；

（2）右手握成剑指，手心向内，目平视前方。

2. 技术要点

（1）头颈正直，下颌略内收，精神要集中；

（2）上体自然，不要故意挺胸、收腹；

（3）两肩松沉，两肘略屈，剑身贴于左前臂后侧，不要使剑刃触及身体；

（4）避免身体紧张，耸肩或挺胸；

（5）避免左手持剑不当、剑身与身体贴靠，致使剑刃触及身体。

图10-1-1

二、起势（三环套月）

起势包括左脚开立、两臂前举、转体摆臂、弓步前指、坐盘展臂和弓步接剑等。

（一）左脚开立

1. 动作方法（见图10-1-2）

左脚向左分开半步，两脚平行，与肩同宽，右剑指内旋，掌心转向身后。

2. 技术要点

（1）两臂慢慢前举时肩要自然松沉，不要耸肩；

（2）剑身贴住左前臂下侧，剑首指向正前方，剑尖不可下垂。

图10-1-2

（二）两臂前举

1. 动作方法（见图10-1-3）

两臂慢慢向前平举，高与肩平，手心向下，目平视前方。

2. 技术要点

（1）两臂慢慢前举时肩要自然松沉，不要耸肩；

（2）剑身贴住左前臂下侧，剑首指向正前方，剑尖不可下垂；

（3）避免两臂前举时肩部紧张而出现耸肩现象；

（4）避免两手心斜相对，使剑刃与持剑手臂接触。

093

图 10-1-3

(三)转体摆臂

1. 动作方法(见图 10-1-4)

(1)上体略向右转,重心移于右腿,屈膝下蹲,随之左腿提起向右腿内侧靠拢(脚尖不点地);

(2)同时右剑指边翻转边由体前下落,经腹前向右上举,手心向上;

(3)左手持剑,经面前屈肘落于右肩前,手心向下,剑平置于胸前,目视右剑指。

2. 技术要点

(1)重心稳定在右腿之后,再收屈左腿;

(2)左手持剑划弧时,肩部仍要放松,身体正直。

图 10-1-4

(四)弓步前指

1. 动作方法(见图 10-1-5)

(1)身体左转,左脚向左侧前方(正东)迈出,呈左弓步;

（2）同时左手持剑，经体前向左下方搂至左胯旁，剑竖直立于左前臂后，剑尖向上；

（3）右臂屈肘，剑指经耳旁随转体向前指出，指尖自然向上，高与眼平，目视剑指。

2. 技术要点

（1）上步呈左弓步的过程，要求重心在右腿稳定之后，再迈出左脚，先是脚跟着地，随即左腿屈膝前弓，身体重心逐渐前移，左脚慢慢踏实，脚尖向前，膝盖不要超过脚尖；

（2）右腿自然蹬直，与脚跟调整呈弓步，左脚迈出，落在左侧前方，保持适当宽度，两脚横向距离（指前脚掌顺向延长线与后脚跟之间的距离）约30厘米。

图 10-1-5

（五）坐盘展臂

1. 动作方法（见图 10-1-6）

（1）身体右转，左臂屈肘上提，左手持剑，手心向下，经胸前从右手上穿出；

（2）右剑指翻转，手心向上并慢慢下落，经腰间摆至身体右侧，手心向上，两臂左右平展；

（3）同时右膝提起，向前盖步横落，脚尖外撇，两腿交叉，两膝关节前后相抵，左脚跟提起，重心略下降呈交叉半坐姿势，目视右剑指。

2. 技术要点

（1）两手在体前交错时，左手持剑应向体前穿出，不要屈肘使横剑向前推出；

（2）盖步右脚向前横落时，动作要轻灵，身体重心移动要平稳，避免随盖步身体重心立即前移的"抢步"现象，造成落脚沉重，虚实不清；

（3）右手边撤边落，经腹前划弧，不可直向后抽，并注意与身体右转动作协调一致；

（4）左手持剑穿出后，左前臂要略内旋，使剑贴于臂后。

图 10-1-6

（六）弓步接剑

动作方法（见图 10-1-7）

（1）左手持剑略内旋，手心斜向下，剑尖略下垂，左脚上步，呈左弓步，脚尖向前；

（2）同时身体左转，右手剑指经头右上方向前落于剑把，准备接剑，目平视前方。

图 10-1-7

第二节 第一段

第一段动作包括并步点剑（蜻蜓点水）、独立反刺（大魁星势）、仆步横扫（燕子抄水）、向右平带（右拦扫）、向左平带（左拦扫）、独立抡劈（探海势）、退步回抽（怀中抱月）和独立上刺（宿鸟投林）等。

一、并步点剑（蜻蜓点水）

1. 动作方法（见图10-2-1）

（1）右手食指向中指一侧靠拢，右手松开剑指，虎口对着护手，握住剑把，将剑接换过来；

（2）然后腕关节绕环，使剑在身体左侧划一立圆，向前点出，力达剑尖，臂先沉肘屈收，再提腕向前伸直，腕与胸高；

（3）左手握成剑指，附于右腕部，同时右脚向左脚靠拢，呈并步，身体半蹲，目视剑尖。

2. 技术要点

（1）剑身立圆向前环绕时，两臂不可上举；

（2）点剑是使剑尖由上向下点啄，腕部屈提，力注剑尖，点剑时，要以拇指、无名指和小指着力，其余两指松握，持剑要松活，点剑时剑身斜向下，右臂自然平直。

图10-2-1

二、独立反刺（大魁星势）

独立反刺（大魁星势）包括撤步抽剑、收脚挑剑和提膝反刺。

（一）撤步抽剑

1. 动作方法（见图10-2-2）

右脚向右后方撤步，同时身体重心后移，右手持剑撤至右腹侧，剑斜置于体前，剑尖略高，左手剑指附于右手腕部，随剑后撤，目视剑尖。

2. 技术要点

（1）右脚后撤时，脚前掌先着地，随即右腿屈膝，右脚慢慢踏实，重心后移，右脚后撤落点要偏右后方，不要直向后撤，右脚落地时，脚尖外撇约60°为宜；

（2）右手持剑抽撤时，落臂沉腕，剑尖自然抬起。

图10-2-2

（二）收脚挑剑

1. 动作方法（见图10-2-3）

（1）身体向右后转，随之左脚收至右脚内侧，脚尖点地；

（2）同时右手持剑继续反手抽撩至右后方，然后右臂外旋，右腕下沉，剑尖上挑，剑身斜立于身体右侧，左手剑指随剑撤于右上臂内侧，目视剑尖。

2.技术要点

(1)右脚仍在原地踏实,不可任意扭转挪动;

(2)右腕翻转下沉,剑尖上挑要连贯自然,上体正直,避免左倾,或右肩、右肘部向上扬起。

图10-2-3

(三)提膝反刺

1.动作方法(见图10-2-4)

(1)上体左转,左膝提起,呈独立步,同时右手持剑由后渐渐上举,使剑经头右侧上方向前反手立剑刺出,右手拇指向下,手心向外,力注剑尖;

(2)左手剑指经颔下随转体向前指出,高与眼平,目视剑指。

2.技术要点

(1)右腿自然直立,左膝尽量上提,左脚尖下垂,脚面展开,小腿和脚掌略向里扣,护裆,上体保持正直,顶头竖项,下颔内收;

(2)左腕要正向前方,左肘与左膝上下相对,不要偏向右侧,上一动作右脚尖外撇程度合适,有助于提膝独立的稳定。

图10-2-4

三、仆步横扫（燕子抄水）

仆步横扫（燕子抄水）包括撤步劈剑和仆步扫剑。

（一）撤步劈剑

1. 动作方法（见图10-2-5）

（1）上体向右后转，剑随转体向右后方劈下，右臂与剑平为宜，左剑指落于右腕部；

（2）在转体的同时右腿屈弓，左腿向左后方即东北方撤步，膝部伸直，目视剑尖。

2. 技术要点

（1）左腿向左后撤步时，右脚方向不变，身体重心主要落在右腿上；

（2）剑劈向西南方，同左腿撤步方向相反。

图10-2-5

（二）仆步扫剑

1. 动作方法（见图10-2-6）

（1）身体左转，左剑指经体前顺左肋间后反插，并向左上方划弧举起，手心斜向上，右手持剑，手心向上，使剑自右后方向下、向左前方划弧平扫；

（2）右膝弯曲下蹲，呈半仆步，随着重心逐渐左移，左脚尖外撒，左腿屈弓，右脚尖内扣，右腿自然伸直，呈左弓步，剑高与胸平，目视剑尖。

2. 技术要点

（1）随转体重心左移，左脚尖尽力外撒，超过中线，即向东偏北约30°，随即右脚尖里扣，呈左弓步，转换过程中步形为半蹲仆步，身体应保持正直；

（2）扫剑为平剑向左呈向右扫，力达剑刃，本势持剑要平稳，向下再向左前方平扫，有一个由高到低，再到高的弧线，不要做成在同一高度的拦腰平扫，定势时右手停在左肋前，剑尖在体前中线处，高与脚平。

图 10-2-6

四、向右平带（右拦扫）

向右平带（右拦扫）包括收脚收剑、上步送剑和弓步右带。

（一）收脚收剑

1. 动作方法（见图 10-2-7）

（1）右脚提起，收至左脚内侧，脚尖不点地；

（2）同时右手持剑略向内收引，左剑指落于右腕部，目视剑尖。

2. 技术要点

右手持剑屈臂后收时，剑尖略高，控制在体前中线附近，不要

使剑尖左摆。

图 10-2-7

(二)上步送剑

1. 动作方法(见图 10-2-8)

(1)右脚向右前方迈出一步,脚跟着地;

(2)同时右手剑略向前引伸,左剑指仍附于右腕部,目视剑尖。

2. 技术要点

上步方向与中线约呈 30°。

图 10-2-8

(三)弓步右带

1. 动作方法(见图 10-2-9)

重心前移,右脚踏实,呈右弓步,右手持剑,手心翻转向下、向右后方斜带,剑指仍附于右腕部,目视剑尖。

2. 技术要点

(1)带剑为平剑由前向斜后方柔缓平稳地弧形回带,力达剑刃;

(2)本势平带时,剑应边翻转边斜带;

(3)剑把左右摆动的幅度要大些,而剑尖应始终控制在体前中线附近,左右大摆动;

(4)剑的回带和弓步要一致,同时上体略向右转,只有这样,带剑动作才能协调完整。

图 10-2-9

五、向左平带(左拦扫)

向左平带(左拦扫)包括收脚收剑、上步送剑和弓步左带。

(一)收脚收剑

1. 动作方法(见图 10-2-10)

(1)右手持剑屈臂后收;

(2)同时左脚提起收至右脚内侧(脚尖不点地),目视剑尖。

2. 技术要点

同"向右平带"的"收脚收剑"动作,只是左右方向相反。

图 10-2-10

(二)上步送剑

1. 动作方法(见图10-2-11)

(1)左脚向左前方上步,脚跟着地;

(2)右手持剑向前伸展,左剑指翻转收至腰间,目视剑尖。

2. 技术要点

同"向右平带"的"上步送剑"动作,只是左右方向相反。

图 10-2-11

(三)弓步左带

1. 动作方法(见图10-2-12)

(1)右手翻掌,将剑向左后方弧线平剑,回带,右手带至左肘前方,力达剑刃;

(2)左手剑指继续向左上方划弧,举至额头左上方,手心斜向上,左腿前弓,重心前移,呈左弓步,目视剑尖。

2. 技术要点

除左手剑指划弧上举外,其余同"向右平带"的"弓步左带"动作,只是左右方向相反。

图 10-2-12

六、独立抡劈（探海势）

独立抡劈（探海势）包括转体抡剑和上步举剑。

（一）转体抡剑

1. 动作方法（见图10-2-13）

（1）右脚收至左脚内侧，脚尖点地；

（2）身体左转，右手持剑由前向下、向后划弧，立剑，斜置于身体左下方，左剑指下落，两手交叉于腹前，目视左后方。

2. 技术要点

（1）当右手持剑后抡时，手心斜向外，左手剑指斜向下；

（2）向左转体时上体要保持端正，不要低俯，左转幅度以面部朝北为适度。

图10-2-13

（二）上步举剑

1. 动作方法（见图10-2-14）

右脚向前上步，脚跟落地，右手持剑内旋，上举于头上方，左手剑翻转，手心向上，收于腰间。

2. 技术要点

抡剑与举剑应连贯划一立圆，并与转腰、旋臂相配合。

图 10-2-14

七、退步回抽（怀中抱月）

退步回抽（怀中抱月）包括退步提剑和虚步抽剑。

(一)退步提剑

1. 动作方法（见图 10-2-15）

左脚向后落下，右手持剑外旋上提。

2. 技术要点

(1)抽剑时立剑由前向后划弧抽回，力点沿剑刃滑动，做本势上抽剑时，右手手心先翻转向上，将剑略向上提，随后由体前向后走弧形，收至左肋旁，避免将剑直线抽回；

(2)左脚后落步幅不要过小，重心前后移动要充分，两腿虚实要分明；

(3)定势时虚步抱剑，两臂撑圆，上体左转，剑尖斜向右上方，同时头向右扭转，两肩要松沉，剑把与身体相距约 10 厘米。

图 10-2-15

（二）虚步抽剑

1. 动作方法（见图 10-2-16）

（1）重心后移，右脚随之撤回半步，前脚掌着地，呈右虚步；

（2）同时右手持剑抽回，剑把收于左肋旁，手心向内，剑尖斜向上；

（3）左剑指落于剑把上，目视剑尖。

2. 技术要点

（1）抽剑为立剑由前向后划弧抽回，力点沿剑刃滑动，抽剑时，右手手心先翻转向上，将剑略向上提，随后由体前向后走弧形，收至左肋旁，避免将剑直接抽回；

（2）左脚后落的步幅不要过小，重心前后移动要充分，两腿虚实要分明。

图 10-2-16

八、独立上刺（宿鸟投林）

独立上刺（宿鸟投林）包括转体垫步和提膝上刺。

（一）转体垫步

1. 动作方法（见图 10-2-17）

（1）身体略向右转，面向前方，右脚略向前垫步；

（2）同时右手转至腹前，手心向上，剑尖向斜上方，左剑指附于右腕部，目视剑尖。

2.技术要点

身体转正,垫步步幅要适度,不要超过一脚长。

图 10-2-17

(二)提膝上刺

1.动作方法(见图 10-2-18)

(1)重心前移,左腿屈膝提起,呈右独立步;

(2)同时右手持剑向前上方刺出,手心向上,力贯剑尖,高与头平;

(3)左手剑指仍附于右腕部,目视剑尖。

2.技术要点

(1)上刺剑时,手与肩同高,两臂略屈;

(2)乘上刺之势,上体可略向前倾,但不可耸肩驼背,左膝提于身体侧前方,右脚尖指向前方,即正东。

图 10-2-18

第三节 第二段

第二段动作包括虚步下截(乌龙摆尾)、左弓步刺(青龙出水)、转身斜带(风卷荷叶)、缩身斜带(狮子摇头)、提膝捧剑(虎抱头)、跳步平刺（野马跳涧）、左虚步撩（小魁星势）和右弓步撩（海底捞月）等。

一、虚步下截（乌龙摆尾）

虚步下截（乌龙摆尾）包括转体摆剑和虚步下截。

（一）转体摆剑

1. 动作方法（见图10-3-1）

（1）左脚向左后方落步，随即重心左移，身体左转；

（2）同时右手持剑随转体向左平摆，剑指翻转下落于左腰间，目视剑尖。

2. 技术要点

（1）左脚落向左后方，不要直接后落步；

（2）向左转体时，右手持剑随转体平摆于体前，与头同高，手心斜向上，剑尖指向右侧。

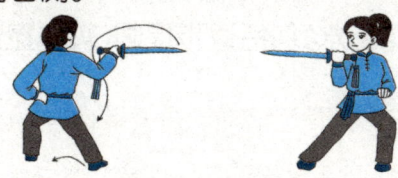

图10-3-1

（二）虚步下截

1. 动作方法（见图10-3-2）

（1）上体右转，右脚略向内收，脚尖点地，呈右虚步；

（2）同时右手持剑随转体旋转翻腕，手心向下，经体前向右、向下截按，剑尖略下垂，高与膝平，左剑指向左、向上绕举于左上方，

109

掌心斜向上，目平视右前方。

2.技术要点

（1）截剑是用剑刃中段或前端截击对方，力达剑刃，多用于横断拦截，侧攻击，做本势下截剑时，主要用转体挥臂来带动剑向右下方截出，身、剑、手、脚要协调一致，定势时，右臂略屈，剑身置于身体右侧；

（2）右虚步的方向是向东偏北约30°，转头目视的方向是向东偏南约45°，虚步时两脚横向距离不超过10厘米。

图10-3-2

二、左弓步刺（青龙出水）

左弓步刺（青龙出水）包括退步提剑、转体撤剑、收脚收剑和弓步平刺等。

（一）退步提剑

1.动作方法（见图10-3-3）

（1）右手持剑向体前提起，高与胸平，剑尖指向左前方，向东偏北约30°；

（2）左剑指落于右腕部，同时右脚向后退一步，目视剑尖。

2.技术要点

右手持剑上提，不要做成刺剑。

图 10-3-3

(二)转体撤剑

1. 动作方法(见图 10-3-4)

(1)重心右移,身体右转;

(2)同时右手持剑,随转体经面前向后抽,手心翻转向外;

(3)左手剑指仍附于右腕部,随剑一起回撤,目视剑尖。

2. 技术要点

(1)右手持剑回撤时,前臂内旋,手心转向外,同时应控制剑尖,不要外摆;

(2)左脚脚跟向外蹬转,重心大部分落在右腿上,上体保持正直。

图 10-3-4

(三)收脚收剑

1. 动作方法(见图 10-3-5)

(1)身体左转,左脚收至右脚内侧,脚尖不点地;

(2)同时右手持剑,随转体向下卷收于右腰侧;

(3)左剑指亦随之翻转收至腹前,两掌心均向上,眼经右前方

转视左前方。

2. 技术要点

剑尖始终对前方,前臂外旋有卷意。

图 10-3-5

(四)弓步平刺

1. 动作方法(见图 10-3-6)

(1)左脚向左前方迈出,脚跟着地,随之重心前移,呈左弓步,同时上体左转,右手持剑从右腰间向左前方刺出,手心向上,力注剑尖;

(2)左剑指向左、向上,绕至左上方,手心斜向上,臂要撑圆,目视剑尖。

2. 技术要点

(1)弓步方向为中线偏左(正东偏北)约 30°,做弓步时,不要"抢步",两脚横向距离约 30 厘米,上体正直,松腰松胯;

(2)刺剑时,剑与臂呈一直线,剑尖与胸同高;

(3)右手持剑回撤、下卷、前刺动作的全过程,要在转腰的带动下完成,动作要圆活、连贯、自然。

图 10-3-6

三、转身斜带（风卷荷叶）

转身斜带（风卷荷叶）包括扣脚收剑、提脚转体和弓步右带等。

（一）扣脚收剑

1. 动作方法（见图 10-3-7）

（1）重心后移，左脚尖内扣，上体右转；

（2）同时右手持剑屈臂后收，横置胸前，手心向上，左剑指落在右腕部，目视剑尖。

2. 技术要点

左脚尖要尽量里扣，两肩要松沉，两手收于右胸前。

图 10-3-7

（二）提脚转体

1. 动作方法（见图 10-3-8）

重心移至左腿上，右脚提起，贴在左小腿内侧，剑向左前方伸送，目视剑尖。

2. 技术要点

提收右脚时不要做成独立步。

图 10-3-8

(三)弓步右带

1.动作方法(见图10-3-9)

(1)身体向右后转身,右脚向右前方迈出,呈右弓步,同时右手持剑随转体翻腕,手心向下、向右平带,剑尖略高,力在小指侧剑刃;

(2)左剑指仍附于右腕部,目视剑尖。

2.技术要点

(1)弓步方向转为正西偏北约30°,由"左弓步刺"转至本势的"右弓步",身体转动达240°;

(2)斜带是指剑势的走向,动作要领同"平带剑"。

图10-3-9

四、缩自斜带(狮子摇头)

缩自斜带(狮子摇头)包括提脚收剑、撤步送剑和丁步左带等。

(一)提脚收剑

1.动作方法(见图10-3-10)

(1)左脚提起,收至右脚内侧,脚尖不点地;

(2)同时右手持剑略收,左剑指仍附于右腕部,目视前方。

2.技术要点

收剑时上体正直,略向右转。

图 10-3-10

(二)撤步送剑

1. 动作方法(见图 10-3-11)

(1)左脚撤步,仍落于原位,右手持剑向前伸送;

(2)左剑指屈腕,经左肋反插,向身后穿出,目视剑尖。

2. 技术要点

上体向前探,送剑方向与弓步方向相同。

图 10-3-11

(三)丁步左带

1. 动作方法(见图 10-3-12)

(1)重心移向左腿,右脚随之收到左脚内侧,脚尖点地,呈丁步;

(2)同时右手翻掌,手心向上,并将剑向左平带,剑尖略高,力达剑刃;

(3)左剑指向上、向前绕行划弧,落于右腕部,目视剑尖。

2. 技术要点

(1)收脚带剑时,身体向左转,重心落于左腿;

(2)要保持上体正直,松腰松胯,臀部不外凸。

图 10-3-12

五、提膝捧剑（虎抱头）

提膝捧剑（虎抱头）包括虚步分手和提膝捧剑等。

（一）虚步分手

1. 动作方法（见图 10-3-13）

（1）右脚后退一步，重心后移，左脚略后撤，脚尖着地，呈虚步；

（2）同时两手向前伸送，再向两侧分开，手心向下，剑斜置于身体右侧，剑尖向前，目视前方。

2. 技术要点

（1）两手向左右分开后，剑尖仍位于体前中线附近，剑尖略高；

（2）右脚后退一步应略偏向右侧方，这时上体转向前方，左脚略后撤，调整成虚步时，上体又转向前方；

（3）身体转动幅度虽然不大，但这样做出来，才能使本势更协调完整。

图 10-3-13

(二)提膝捧剑

1. 动作方法（见图10-3-14）

(1)左脚略向前垫步，右膝向前提起，呈独立步；

(2)同时右手持剑翻转，向体前划弧摆送，左剑指变掌，捧托在右手背下面，两臂略屈；

(3)剑在胸前，剑身直向前方，剑尖略高，目视前方。

2. 技术要点

(1)两手路线要走弧形，即先略向外，再往里，在胸前相合捧剑，捧剑时两臂略屈，剑把与胸同高；

(2)为了使提膝动作做得柔圆，可使右腿略屈，经右侧向前上方弧形摆起至体前，然后小腿屈收向里扣，呈独立步，这样做比直接提右膝显得柔和。

图 10-3-14

六、跳步平刺（野马跳涧）

跳步平刺（野马跳涧）包括落脚收剑、捧剑前刺、跳步分剑和弓步平刺等。

(一)落脚收剑

1. 动作方法（见图10-3-15）

右脚前落，脚跟着地，两手捧剑略向下、向后收至腹前，目视前方。

2.技术要点

右脚落地不可过远,上体不可前俯。

图 10-3-15

(二)捧剑前刺

1.动作方法(见图 10-3-16)

重心移至右腿,蹬腿送髋,左脚离地,同时两手捧剑,向前伸刺,目视前方。

2.技术要点

刺剑时高与胸平,剑尖略高。

图 10-3-16

(三)跳步分剑

1.动作方法(见图 10-3-17)

(1)右脚蹬地,左脚随即前跨一步,踏实,右脚在左脚将落地时迅速向左小腿内侧收拢;

(2)同时两手分撤至身体两侧,手心向下,左手变剑指,目视前方。

2.技术要点

向前跳步宜远不宜高,动作应轻灵、柔和。

图 10-3-17

(四)弓步平刺

1. 动作方法(见图 10-3-18)

(1)右脚向前上步,重心前移,呈右弓步,同时右手持剑向前平刺,手心向上;

(2)左剑指绕举至额头左上方,手心斜向上,目视剑尖。

2. 技术要点

弓步为顺弓步,松腰顺肩,不可蜷腰、歪胯。

图 10-3-18

七、左虚步撩(小魁星势)

左虚步撩(小魁星势)包括收脚绕剑、垫步绕剑和虚步左撩等。

(一)收脚绕剑

1. 动作方法(见图 10-3-19)

(1)重心后移,上体左转,右脚收至左脚前,脚尖点地;

(2)同时右手持剑,随体转向上、向后划弧,剑指落至左腰间,

剑尖斜向上,左剑指落于右腕部,目视左侧。

2.技术要点

(1)剑向后绕时,转体要充分,眼神要同时向左转视;

(2)绕剑应靠近身体,同时右前臂内旋,手心转向里。

图 10-3-19

(二)垫步绕剑

1.动作方法(见图 10-3-20)

(1)上体略右转,右脚向前垫步,脚尖外撇;

(2)同时右手持剑向下绕至腹前,剑身斜置于身体左侧;

(3)左剑指仍附于右腕部,随右腕绕转,目平视前方。

2.技术要点

剑贴近身体,剑尖指向后下方,不可触地。

图 10-3-20

(三)虚步左撩

1.动作方法(见图 10-3-21)

(1)上体继续右转,重心前移至右腿,左脚随即前进一步,脚尖

着地,呈左虚步;

(2)同时右手持剑,立剑向前撩出,手心向外,停于右额前,剑尖略低;

(3)左剑指仍附于右腕部,目视剑尖。

2. 技术要点

反手立剑,由下向前、向上撩起,剑刃前端着力,练本势的左撩剑时,先使剑沿着身体左侧绕立圆,再向前上方撩出,剑运行的路线,一要贴身,二要划立圆。

图 10-3-21

八、右弓步撩(海底捞月)

右弓步撩(海底捞月)包括转体绕剑、垫步绕剑和弓步右撩等。

(一)转体绕剑

1. 动作方法(见图 10-3-22)

身体右转,同时右手持剑向后划圆回绕,剑身竖立在身体右侧,手心向外,左剑指随剑绕行,收于右肩前,目视剑尖。

2. 技术要点

剑向后划圆回绕时,身体和眼神要转视东北方,转体要充分。

图10-3-22

(二)垫步绕剑

1. 动作方法(见图10-3-23)

(1)身体略左转,左脚向前垫步,脚尖外撇,同时右手持剑略向下绕,剑把落至右胯旁,手心向外,剑尖朝后;

(2)左剑指落至左腹前,手心向上,目随剑走。

2. 技术要点

剑手要活握剑把,剑尖不要触地。

图10-3-23

(三)弓步右撩

1. 动作方法(见图10-3-24)

(1)身体继续左转,右脚前进一步,重心前移,呈右弓步;

(2)同时右手持剑,剑由下向前反手立剑撩出,手心向外,高与肩平,剑尖略低;

(3)左剑指继续向上绕至额左上方,手心向上,目视前方。

2. 技术要点

本势的弓步为顺弓步,两脚的横向距离约10厘米,弓步和前

撩动作要同时完成。

图10-3-24

第四节 第三段

第三段动作包括转身回抽（射雁势）、并步平刺（白猿献果）、左弓步拦（迎风掸尘）、右弓步拦（迎风掸尘）、左弓步拦（迎风掸尘）、进步反刺（顺水推舟）、反身回劈（流星赶月）和虚步点剑（天马行空）等。

一、转身回抽（射雁势）

转身回抽（射雁势）包括转体收剑、弓步劈剑、后坐抽剑和虚步前指等。

（一）转体收剑

1. 动作方法（见图10-4-1）

（1）身体左转，左腿屈膝，重心左移，右脚尖内扣；

（2）同时右臂屈肘，将剑收到体前，与肩同高，剑身平直，剑尖向右，左剑指落于右腕上，目视剑尖。

2. 技术要点

（1）身体左转，身体重心移向左脚，右脚内扣，至少扣到90°，

使脚尖朝向南方,以保证第四个动作定势时的虚步和身体方向;

(2)收剑时要用拇指、食指和虎口着力握剑,其余三指松握,剑身才能平直。

图 10-4-1

(二)弓步劈剑

1.动作方法(见图 10-4-2)

(1)身体继续左转,左脚尖略外撇,右腿自然蹬直,呈弓步;

(2)同时右手持剑,向左前方劈下,目视剑尖。

2.技术要点

(1)上述两个动作向左转体时,要先扣右脚,再撇左脚,右臂先屈回胸前再向左前劈出,动作要连贯、协调;

(2)弓步的方向和劈剑的方向一致,皆为中线偏右,即东偏南约 30°。

图 10-4-2

(三)后坐抽剑

1.动作方法(见图 10-4-3)

(1)身体重心移向右腿,右膝弯曲;

(2)同时右手持剑抽至右胯侧,左剑指附于右腕部,随右手后收,目视右下方。

2.技术要点
抽剑时上体要右转。

图10-4-3

(四)虚步前指

1.动作方法(见图10-4-4)
(1)向左转,左脚撤半步,呈左虚步;
(2)右手抽至右胯后,剑斜置于身体右侧,剑尖略低;
(3)经胸前下颌处向前指出,高与眼齐,目视剑指。
2.技术要点
剑指向前指出,左脚点地,呈虚步,上体向左回转,三者要协调一致。

图10-4-4

二、并步平刺(白猿献果)

并步平刺(白猿献果)包括垫步转体和并步平刺等。

(一)垫步转体

1.动作方法(见图10-4-5)
(1)左脚略向左移,身体左转;

(2)同时左剑指内旋,并向左划弧,目视前方。

2.技术要点

左脚移步时,脚尖转向正前方。

图 10-4-5

(二)并步平刺

1.动作方法(见图 10-4-6)

(1)右脚向左脚并步,同时右手持剑,外旋翻转,经腰间向前平刺;

(2)左剑指收经腰间翻转变掌,捧托在右手下,手心向上,目视前方。

2.技术要点

(1)捧剑时左手也可保持剑指姿势;

(2)刺剑和并步要协调一致。

图 10-4-6

三、左弓步拦(迎风掸尘)

左弓步拦(迎风掸尘)包括转体绕剑、上步绕剑和弓步拦剑等。

(一)转体绕剑

1. 动作方法(见图10-4-7)

(1)右脚尖外撇,左脚跟外展,身体右转,两腿屈蹲;

(2)右手持剑,手心朝外,随转体由前向上、向右绕转,左手变剑指附于右胸部,随右手绕转,目视右后方。

2. 技术要点

转体时,待重心落于右腿,左脚跟再提起。

图10-4-7

(二)上步绕剑

1. 动作方法(见图10-4-8)

(1)左脚向左前上方上步,脚跟着地;

(2)右手持剑继续向后绕转,左剑指翻转,收于腹前,目视右后方。

2. 技术要点

(1)右手持剑向后绕转时,小臂内旋,手心翻转向外,剑身斜立;

(2)绕剑时以剑把领先,转腰挥臂,剑贴身体走,呈立圆。

图10-4-8

(三)弓步拦剑

1. 动作方法(见图10-4-9)

(1)身体左转,重心前移,呈左弓步;

(2)同时右手持剑,由右后方向下、向左前上方拦架,力达剑刃,剑与头平;

(3)剑尖略低,右臂外旋,手心斜向内,同时左剑指向左上绕,举于额左上方,目视剑尖。

2. 技术要点

(1)拦剑是反手用剑下刃,由下向前上方拦架,力达剑刃,做本势的拦剑时,剑要在体右侧随身体右旋左转,贴身绕一完整的立圆;

(2)剑拦出后,右手位于左额前方,剑尖位于中线附近。

图10-4-9

四、右弓步拦(迎风掸尘)

右弓步拦(迎风掸尘)包括撇脚绕剑、收回绕剑和弓步拦剑等。

(一)撇脚绕剑

1. 动作方法(见图10-4-10)

(1)身体重心略向后移,左脚尖外撇,身体略左转;

(2)同时右手持剑上举,开始向左后方回绕,目视右手。

2.技术要点

(1)剑和脚的配合要协调统一；

(2)绕剑路线要清晰。

图 10-4-10

(二)收回绕剑

1.动作方法(见图 10-4-11)

(1)身体继续左转,右脚收至左脚内侧,脚尖不点地；

(2)同时右手持剑在身体左侧,向上、向后、向下划立圆绕至肋前,剑身贴近身体；

(3)左剑指落于右腕部,目随剑向左后看。

2.技术要点

动作速度缓慢平和,不宜忽快忽慢。

图 10-4-11

(三)弓步拦剑

1.动作方法(见图 10-4-12)

(1)身体向右转,右脚向右前方迈出一步,重心前移呈右弓步；

(2)同时右手持剑经下划弧向前上方拦出,手心向外,高与头

平,剑尖略低,剑身斜向内;

(3)左剑指附于右腕部,目视前方。

2.技术要点

(1)弓步方向为东偏南约30°;

(2)身体和眼神要转至西北方;

(3)右剑划圆绕转要贴近身体左侧。

图 10-4-12

五、左弓步拦(迎风掸尘)

左弓步拦(迎风掸尘)包括撒脚绕剑、收脚绕剑和弓步拦剑等。

(一)撒脚绕剑

1.动作方法(见图 10-4-13)

(1)重心略后移,右脚尖外撇,身体略右转;

(2)同时右手持剑上举,开始向右后方回绕;

(3)左剑指仍附于右腕部,目视前方。

2.技术要点

剑和脚的配合要协调统一。

图 10-4-13

(二)收脚绕剑

1. 动作方法(见图 10-4-14)

(1)身体继续右转,左脚收至右脚内侧,脚尖不点地;

(2)同时右手持剑在身体右侧,向上、向后、向下划立圆,绕至右胯旁,剑身斜立在身体右侧,左剑指绕至右胸前;

(3)眼随剑走,转看右后方。

2. 技术要点

动作速度缓慢平和,不宜忽快忽慢。

图 10-4-14

(三)弓步拦剑

1. 动作方法(见图 10-4-15)

(1)身体左转,左脚向左前方迈出一步,重心前移呈左弓步;

(2)同时右手持剑挥臂划弧向前上方拦出,手心斜向内,高与头平,剑尖略低,剑身斜向内;

(3)左剑指经腰间向左、向上划弧,停于额左上方,手心斜向上,目视前方。

2. 技术要点

(1)与前一个动作相同,只是左右相反;

(2)右剑划圆绕转要贴近身体左侧。

图 10-4-15

六、进步反刺（顺水推舟）

进步反刺（顺水推舟）包括上步收剑、转体后刺和弓步反刺等。

（一）上步收剑

1. 动作方法（见图 10-4-16）

（1）右脚向前上步，脚尖外撇，上体略右转；

（2）同时右手向下屈腕收剑，剑把落在胸前，剑尖转向下，左剑指落于右腕部，目视剑尖。

2. 技术要点

右手持剑向胸前收落时，屈腕落肘，手心斜向外，拳眼斜向下，右上臂靠近右肋，活握剑把，剑尖向后下方，剑身斜置于身体右侧。

图 10-4-16

（二）转体后刺

1. 动作方法（见图 10-4-17）

（1）身体继续右转，两腿交叉屈膝半蹲，重心略偏于前腿，左脚跟离地，呈半盘坐姿势；

（2）右手持剑向后（正西）立剑平刺，手心向体前（南方，起势方向）；

（3）左剑指向前指出，手心向下，两臂伸平，目视剑尖。

2. 技术要点

（1）半盘坐时，要转体屈膝，重心略前移，右脚向前横落，全脚着地，左膝抵近右膝窝，上体保持正直；

（2）向后刺剑时，剑身应贴近身体，经右腰间向后直刺，剑与右臂呈一直线，配合左剑指向前指，两臂前后展平。

图 10-4-17

（三）弓步反刺

1. 动作方法（见图 10-4-18）

（1）剑尖上挑，上体左转，左脚前进一步，呈左弓步；

（2）同时右臂屈收，经头侧向前反手立剑刺出，手心向外，与头同高，剑尖略低；

（3）左剑指收于右腕部，目视剑尖。

2. 技术要点

（1）反刺剑时，剑尖位于中线，与面部同高，右臂与剑呈一小折线；

（2）弓步朝正东，两脚横向距离约 30 厘米，松腰、松胯，上体正直，不可做成侧弓步。

图 10-4-18

七、反身回劈（流星赶月）

反身回劈（流星赶月）包括转体收剑、提脚举剑和弓步回劈等。

（一）转体收剑

1. 动作方法（见图10-4-19）

（1）右腿屈膝，身体重心移至右腿，左脚尖内扣，上体右转；

（2）剑同时收至面前，剑指仍附于右腕部，目视剑尖。

2. 技术要点

随身体后坐右转，左脚尖尽量内扣，至少要使左脚尖指向正南，为下一动作做好准备。

图10-4-19

（二）提脚举剑

1. 动作方法（见图10-4-20）

（1）上体继续右转，重心再移至左腿，右脚提起，收至左小腿内侧；

（2）同时手持剑上举，左剑指落至腹前，目视左前方。

2. 技术要点

重心左移，稳定在左腿上，再提右脚。

图10-4-20

(三)弓步回劈

1. 动作方法(见图10-4-21)

(1)右脚向右前方迈步,重心前移,呈右弓步;

(2)同时右手持剑,随转体向右前方劈下;

(3)左剑指绕至左额上方,手心斜向上,目视剑尖。

2. 技术要点

(1)剑要平,不要端肩,眼随剑走;

(2)劈剑和弓步要协调一致,同时完成。

图10-4-21

八、虚步点剑(天马行空)

虚步点剑(天马行空)包括落指收脚、转体举剑和虚步点剑等。

(一)落指收脚

1. 动作方法(见图10-4-22)

左脚收至右脚内侧,脚尖不点地,同时剑指落到右臂内侧,目视剑尖。

2. 技术要点

脚步要轻灵、清晰。

图 10-4-22

(二)转体举剑

1. 动作方法(见图 10-4-23)

(1)上体左转,左脚向起势方向上步,脚尖外撇;

(2)同时右臂外旋,划弧上举,剑尖指向体后;

(3)左剑指经体前落至腹前,手心向上,目视起势方向。

2. 技术要点

举剑时右手略高于头,剑身斜向后下方,剑刃不要触身。

图 10-4-23

(三)虚步点剑

1. 动作方法(见图 10-4-24)

(1)右脚上步落在左脚前,脚尖点地,呈右虚步;

(2)同时右手持剑向前下方点出,展臂提腕,力注剑尖;

(3)左剑指经左侧向上绕行,在体前与右手相合,附于腕部,目视剑尖。

2. 技术要点

(1)虚步和点剑方向与起势方向相同;

(2)本势点剑时右臂先向下沉,再伸臂提腕,高与肩平,点剑与右脚落地要协调一致,上体保持正直。

图 10-4-24

第五节 第四段

第四段动作包括独立平托(挑帘势)、弓步挂劈(左车轮剑)、虚步抡劈(右车轮剑)、撤步反击(大鹏展翅)、进步平刺(黄峰入洞)、丁步回抽(怀中抱月)、旋转平抹(风扫梅花)和弓步直刺(指南针)等。

一、独立平托(挑帘势)

独立平托(挑帘势)包括插步统剑和提膝托剑等。

(一)插步统剑

1.动作方法(见图 10-5-1)
(1)右脚向左脚后插步,脚前掌着地,两腿屈膝半蹲;
(2)同时右手外旋,持剑在体前由右向上、向左绕环,剑把落在左腰前,手心向里,剑身置于身体左侧,剑尖斜向左上方;
(3)左剑指附于右腕,随右手环绕,目视剑尖。

2.技术要点

上体和下肢协调一致。

图 10-5-1

(二)提膝托剑

1.动作方法(见图 10-5-2)

(1)以两脚掌为轴碾地,使身体转向正西,随之左膝提起,呈右独立步;

(2)同时右手持剑,绕经体前向上托架,剑身平,略高于头,左剑指附于右臂内侧,目视前方。

2.技术要点

(1)剑下刃着力,剑由下向上托架;

(2)练本势托剑时,右手要活把握剑,手心向外,举于头右侧前上方,剑身放平,剑尖朝前。

图 10-5-2

二、弓步挂劈(左车轮剑)

弓步挂劈(左车轮剑)包括转体挂剑和弓步劈剑等。

（一）转体挂剑

1. 动作方法（见图 10-5-3）

（1）左脚向前横落，身体左转，两腿交叉，呈半盘坐势，右脚跟着地；

（2）同时右手持剑，剑尖经身体左侧向后勾挂左剑指，附于右腕部，目视剑尖。

2. 技术要点

挂剑时剑尖经身体左侧划立圆。

图 10-5-3

（二）弓步劈剑

1. 动作方法（见图 10-5-4）

（1）身体右转，右脚前迈一步，重心前移，呈右弓步；

（2）同时右手持剑，翻腕上举，向前劈下，剑身要平，与肩同高；

（3）左剑指经左后方绕至头左上方，目视前方。

2. 技术要点

劈剑时剑行立圆。

图 10-5-4

三、虚步抡劈（右车轮剑）

虚步抡劈（右车轮剑）包括转体抡劈、上步举剑和虚步劈剑等。

（一）转体抡劈

1. 动作方法（见图10-5-5）

（1）身体右转，右脚尖外撇，右腿屈弓，左脚跟离地，呈叉步；

（2）同时右手持剑经身体右侧向下、向后反手抡摆，左剑指落于右肩前，手心向下，目视剑尖。

2. 技术要点

（1）向后抡剑时，保持身体平衡；

（2）目视剑尖，剑贴身体后摆。

图10-5-5

（二）上步举剑

1. 动作方法（见图10-5-6）

（1）身体左转，左脚向前一步，脚尖外撇；

（2）同时右手持剑，翻臂抡举至头侧上方，左剑指落经腹前，翻转划弧侧举，目视前方。

2. 技术要点

上步劈剑时两臂自然展开，弯曲。

图 10-5-6

(三)虚步劈剑

1. 动作方法(见图 10-5-7)

(1)右脚上步,脚尖着地,呈右虚步;

(2)同时右手持剑向前下抡劈,剑尖与膝同高,剑与右臂呈一条斜线,左剑指向上划圆,再落于右前臂内侧,目视前下方。

2. 技术要点

点剑时身体略前倾,左腿为支撑腿。

图 10-5-7

四、撤步反击(大鹏展翅)

撤步反击(大鹏展翅)包括提脚合剑和撤步击剑等。

(一)提脚合剑

1. 动作方法(见图 10-5-8)

(1)上体略右转,右脚提起,收至左小腿内侧;

(2)同时右臂外旋,手心斜向上,同左剑指一起略向回收,目视

剑尖。

2.技术要点

提膝时支撑腿不要蹬直,略弯曲。

图 10-5-8

(二)撤步击剑

1.动作方法(见图 10-5-9)

(1)身体重心先移向左腿,右脚向右后方撤一步,呈左弓步,随之重心右移,上体右转,左脚跟外展,左腿自然蹬直,呈右侧弓步,即横挡步;

(2)同时右手向右后上方反击,力达剑刃前端,剑尖斜向上,高与头平;

(3)左剑指向左下方分开,高与腰平,手心向下,目视剑尖。

2.技术要点

撤步与击剑要协调一致,不能脱节分开。

图 10-5-9

五、进步平刺(黄峰入洞)

进步平刺(黄峰入洞)包括提脚横剑、垫步收剑和弓步平刺等。

(一)提脚横剑

1. 动作方法(见图10-5-10)

(1)身体先略向左转,重心左移,右脚里扣;

(2)同时持剑右手向左摆剑,横于体前,剑尖向左;

(3)左手剑指在身体左侧,手心向外,然后身体再向右转,左脚提起,收于小腿内侧;

(4)同时右手持剑,先向左摆,再翻掌向右,将剑横置于右胸前,剑尖向左;

(5)左剑指向上绕,经面前落在右肩前,手心向下,目视右前方。

2. 技术要点

左右带剑时要平稳,以腰为轴。

图10-5-10

(二)垫步收剑

1. 动作方法(见图10-5-11)

(1)身体左转,左脚向前落步,脚尖外撇;

(2)同时右手持剑,向下卷裹,收于腰侧;

(3)左剑指亦随之翻转落于腹前,目视前方。

2. 技术要点

右手腕转向外侧,左手抱于腰间,目视前方。

图 10-5-11

(三)弓步平刺

1.动作方法（见图 10-5-12）

（1）右脚上步，重心前移，呈右弓步；

（2）同时右手持剑，向前刺出，高与胸平，手心向上，左剑指向左、向上绕至头侧上方，目视剑尖。

2.技术要点

刺剑时上体保持自然直立。

图 10-5-12

六、丁步回抽（怀中抱月）

1.动作方法（见图 10-5-13）

（1）身体重心后移，右脚撤至左脚内侧，脚尖点地，呈右丁步；

（2）同时右手持剑，屈肘回抽，手心向内，置于左腹旁；

（3）剑身侧立，剑尖斜向上，左剑指落于剑把之上，目视剑尖。

2.技术要点

剑走弧线抽回，抱于腰间。

图 10-5-13

七、旋转平抹（风扫梅花）

旋转平抹（风扫梅花）包括摆步横剑、扣步抹剑和虚步分剑等。

（一）摆步横剑

1. 动作方法（见图 10-5-14）

（1）右脚向前落步，脚尖外摆，上体略右转；

（2）同时右手翻掌向下，剑身横置胸前，左剑指附于右腕部，目视剑尖。

2. 技术要点

剑横摆时，剑尖与肩部略平行。

图 10-5-14

（二）扣步抹剑

1. 动作方法（见图 10-5-15）

（1）上体继续右转，左脚向右脚前扣步，两脚尖相对呈"八"字形；

（2）同时右手持剑，随转体由左向右平抹，剑指仍附于右腕部，

目视剑身。

2.技术要点

抹剑时步法平稳,目视剑尖。

图 10-5-15

(三)虚步分剑

1.动作方法(见图 10-5-16)

(1)以左脚掌为轴,向右后转身,右脚随转体后撤一步,重心后移,左脚脚尖点地,呈左虚步,右手持剑在转体撤步时继续平抹,左剑指仍附于右腕部;

(2)在变虚步时,两手左右分开,置于胯旁,手心向下,剑身斜置于身体右侧,剑尖位于体前,身体转向起势方向,目视前方。

2.技术要点

平转体,弧形带剑,剑尖朝前。

图 10-5-16

八、弓步直刺(指南针)

1.动作方法(见图 10-5-17)

(1)上体略向右转,左脚提起,重心前移,左脚向前落步,呈左弓步；

（2）同时右手持剑收经腰间，立剑向前刺出，高与胸平；

（3）左剑指附于右腕部，目视前方。

2.技术要点

（1）左脚提起，收至右脚内侧后，再向前迈出；

（2）左剑指先收至腰间，体态安舒。

图 10-5-17

第六节 收势

收势是三十二式太极剑的结束动作，包括后坐接剑和上步收势。

一、后坐接剑

1.动作方法（见图 10-6-1）

（1）重心后移，上体右转，同时右手持剑，屈臂后引至右侧，手心向内；

（2）左剑指随右手屈臂回收，并变掌附于剑柄，准备接剑，目视剑柄。

2.技术要点

接剑时左掌心朝外。

图 10-6-1

二、上步收势

1. 动作方法（见图 10-6-2）

（1）身体左转，重心前移，右脚向前跟步，与左脚平行，呈分开站立步；

（2）同时左手接剑上举，经体前垂落于身体左侧；

（3）右手变成剑指，向下、向后划弧上举，再向前、向下落于身体右侧，目视前方。

2. 技术要点

上肢和下肢协调统一完成动作。

图 10-6-2

第十一章 太极剑比赛规则

太极剑比赛是普及太极剑运动的一种很好的形式，在长期的发展中已经具备了自身完整的比赛程序和裁判方法。

第一节 程序

太极剑比赛不是任何人都能参加的,而且,比赛要严格按照一定的程序进行。

一、参赛办法

太极剑比赛就是套路表演,运动员首先要进行报名,其次经过资格审查才能有机会参加比赛。

二、比赛方法

(1)运动员到检录处检录;
(2)裁判员入场;
(3)运动员入场,提交检录名单;
(4)开始比赛;
(5)运动员完成一整套动作后,裁判员进行评分。

第二节 裁判

太极剑比赛中,裁判员要有严密的组织工作和严格的评分标准。运动员如果对评分标准了然于胸,就能在比赛中游刃有余、发挥自如。

一、裁判员

裁判组由以下人员组成：
（1）总裁判1人，副总裁判1人；
（2）每组设裁判长1人，裁判员7～8人（包括套路检查、记分、计时）；
（3）编排记录长1人，编排记录员2～3人；
（4）检录长1人；
（5）检录员、报告员1～2人。

二、评分规则与方法

太极剑比赛的最高得分为10分，分数主要从动作规格、劲力和协调，以及精神、节奏、风格、内容、结构和布局等方面来评判。

（一）动作规格

动作规格的分值为6分，具体评判标准如下：
（1）凡手形、步形、手法、步法、身法、腿法、跳跃、平衡和各种器械的运用方法，与规格要求轻微不符者，每出现一次扣0.05分；
（2）与规格要求显著不符者，每出现一次扣0.1分；
（3）与规格要求严重不符者，每出现一次扣0.3分；
（4）一个动作出现多种错误时，最多扣分不得超过0.2分。

（二）劲力和协调

劲力和协调的分值为2分，具体评判标准如下：
（1）凡劲力充足，用力顺达，力点准确，手、眼、身、法、步协调

(器械项目还需身械协调),动作干净利落者,给予满分;

(2)凡与要求轻微不符者,扣0.1~0.5分;

(3)显著不符者,扣0.6~1分;

(4)严重不符者,扣1.1~2分。

(三)精神、节奏、风格、内容、结构和布局

精神、节奏、风格、内容、结构和布局的分数为2分,具体评判标准如下:

(1)符合精神饱满、节奏分明、风格突出、内容充实、结构合理、变化多样、布局匀称的要求者,给予满分;

(2)凡与要求轻微不符者,扣0.1~0.5分;

(3)显著不符者,扣0.6~1分;

(4)严重不符者,扣1.1~2分。